MINI-GUIONES

para los Cuatro Colores de las Personalidades

Cómo Hablar con Nuestros Prospectos de Redes de Mercadeo

KEITH Y TOM "BIG AL" SCHREITER

Mini-Guiones para los Cuatro Colores de las Personalidades
© 2020 by Keith y Tom "Big Al" Schreiter

Publicado por Fortune Network Publishing

PO Box 890084

Houston, TX 77289 Estados Unidos

Teléfono: +1 (281) 280-9800

BigAlBooks.com

ISBN-13: 978-1-948197-59-5

CONTENIDOS

Viajo por el mundo más de 240 días al año.
Envíame un correo si quisieras que hiciera
un taller "en vivo" en tu área.

→ BigAlSeminars.com ←

¡OBSEQUIO GRATIS!

¡Descarga ya tu libro gratuito!

Perfecto para nuevos distribuidores. Perfecto para
distribuidores actuales que quieren aprender más.

→ BigAlBooks.com/freespanish ←

Otros geniales libros de Big Al están disponibles en:

→ BigAlBooks.com/spanish ←

PREFACIO

Estamos asumiendo que ya leíste el libro, *Los Cuatro Colores de las Personalidades para MLM.* En ese libro describimos los cuatro diferentes tipos de personalidades y cómo reconocerlos.

También dimos ejemplos del tipo de lenguaje que podríamos usar para cada color de personalidad para invitarlos a una junta de oportunidad.

Este libro continúa esa conversación. Mostraremos ejemplos de cómo hablar con cada color de personalidad en su propio lenguaje nativo en muchas situaciones diferentes.

¿Necesitas una "hoja de trucos" con frases que te ayuden a comunicarte mejor con tus prospectos? Este libro te lo hará fácil.

Los prospectos nos juzgan rápidamente – en cuestión de pocos segundos. No es justo, pero es la realidad. Este libro se enfocará en las primeras palabras y frases en nuestras conversaciones con los prospectos.

¿Podemos usar estas breves palabras y frases en mensaje de texto o correos electrónicos? Por supuesto. Pero estas palabras son más efectivas cuando hablamos con personas de frente o por teléfono. Ahora nuestros prospectos escuchan nuestra voz y ven nuestro lenguaje corporal. Limitarnos a nosotros mismos a un simple mensaje de texto **nos** saca del mensaje.

Tener un mejor conocimiento de los colores de las personalidades mejora nuestras relaciones con otros. Así que vamos a continuar con la diversión de hablar con personas de una manera que comprendan nuestro mensaje y forjen relaciones con nosotros.

Cuando describamos los colores de las personalidades en este libro, estaremos usando generalizaciones exageradas. Esto hace fácil el recordar. Por supuesto, ninguna personalidad es completamente de un color. Pero, la mayoría de las personas tienen un color de personalidad dominante. Queremos hablarle a este color de personalidad para que comprendan nuestro mensaje.

Y finalmente, muchas gracias a Yvonne Fausak Kuchta. Cuando dos personalidades verdes escriben sobre personalidades amarillas, es bueno tener un experto que confirme la información.

¿¿¿MI GATO ESPONJADO???

–Esta es la oportunidad más grande en la historia del universo. Nuestros productos son únicos. Nadie más los tiene. El mercado quiere desesperadamente estos productos. ¡Y puedes ganar $100,000 al año!–

Mi prospecto me miró y dijo: –Escuché que tu gato esponjado tuvo gatitos la semana pasada.–

¡¡¿¿QUÉ??!!

Sentí como si mi prospecto viniera de un universo alterno. Algo estaba definitivamente fuera de equilibrio, pero no podía averiguar qué era.

Esta era mi vida antes de conocer los colores de las personalidades.

¿Suena familiar?

Algunas veces hablamos con personas y ellos no "entienden."

Aquí estaba yo, hablando con una personalidad amarilla, y yo no tenía idea de qué hacer. Yo hablaba, pero mi mensaje no estaba siendo escuchado.

Mi prospecto amarillo se levantó, recogió sus gemas preciosas y se montó en su unicornio. Luego, ella y su aura de empatía cabalgaron sobre el arcoíris hacia el atardecer. Por lo menos me dejó una caja de galletas y una postal con querubines.

Es momento de aprender cómo hablar con los cuatro colores de las personalidades.

CÓMO HABLAR CON LAS PERSONALIDADES AMARILLAS.

Si no tenemos familiaridad con la personalidad amarilla, aquí está un rápido vistazo.

A las personalidades amarillas les encanta ayudar. Ellos tienen empatía, piensan primero en los demás, encuentran felicidad y satisfacción cuando mejoran la vida de las personas. La única palabra que debes de recordar para comprender su lenguaje es, "ayuda."

Piensa en las personalidades de color amarillo como maestras de preescolar, abuelas horneando galletas, joviales representantes de servicio al cliente, y ese consejero escolar buena onda que se preocupaba por nuestro futuro. Estos ejemplos son algo exagerados, pero nos ayudarán a recordar que la principal motivación de las personalidades amarillas es ayudar a otros a mejorar sus vidas.

¿Otros motivadores para las personalidades amarillas? Paz y armonía para ellos mismos y otros. Ellos quieren que las personas se lleven bien y disfruten sus vidas. "Felicidad para todos" es su lema. No perderán tiempo con arrebatos emocionales, sentimientos de ira y rencores. Su zona de confort se envuelve en apegarse a las reglas, apoyar al equipo, y evitar conflictos.

¿Su mejor activo? Empatía. Esto les ayuda a conectarse con todos los prospectos, sin importar que tan difíciles sean. Los prospectos instantáneamente sienten que las personalidades amarillas son dignas de confianza y tienen sinceridad.

¿En situaciones sociales? Las personalidades amarillas son amables y esperarán su turno para hablar. Eso significa que algunas veces nunca los escucharemos. No son antisociales, sino que encuentran confort al estar solos con tiempo para el silencio. Si las personalidades amarillas son invitadas a una fiesta (y asisten), puedes usualmente encontrarlos en una habitación contigua haciendo amistad con las mascotas de la casa. O estarán arropados en una esquina, en una profunda conversación con alguien con quien sienten una conexión.

Las palabras.

Las palabras nos ayudarán a reconocer personas con tratos de personalidad amarilla. Si hacemos el esfuerzo de escuchar, estas palabras resaltarán. Busca estas palabras en conversaciones, en mensajes, y en sus publicaciones en redes sociales.

Aquí hay algunas palabras comúnmente usadas por las personalidades amarillas:

- Ayuda.
- Consejo.
- Asistencia.
- Beneficio.
- Confort.
- Cooperar.
- Animar.

- Guiar.
- Servir.
- Soporte.
- Carga.
- Infortunio.
- Cura.
- Estímulo.
- Amor.
- Nutrir.
- Salvar.
- Aclamar.
- Estrés.
- Problema.
- Felicidad.
- Preocupación.
- Significado.
- Conexión.
- Satisfacción.

Cuando escuchamos palabras como estas, es por que seguramente estamos hablando con una personalidad amarilla.

¿Cuáles son las prioridades de una personalidad amarilla?

La gente primero, las actividades después.

Las personalidades amarillas están conducidas por las relaciones. Ellos construyen las relaciones más sólidas y profundas de los cuatro colores de las personalidades. Los hechos, los datos, y los proyectos son importantes, por supuesto. Pero no son sus prioridades. Las personalidades amarillas son confiables y competentes, pero primero consideran cómo su trabajo afectará sus relaciones.

Las personas son su enfoque. En un nivel más profundo, se toman el tiempo de considerar cómo se sienten las demás personas. Las personalidades amarillas se cuestionan, "¿Cómo afectarán mis acciones a los demás?" Y mientras reflexionan sobre los efectos, no sienten la necesidad de tomar decisiones o acciones instantáneas. En lugar de eso, podrían estar en espera de inspiración interna. Debemos de ser pacientes.

"¿Qué piensan las otras personas? ¿Cómo se sienten los demás? ¿Estoy atraído hacia esto? ¿Esto satisface mi propósito de vida?" Estos pensamientos vienen primero dentro de las mentes de las personalidades amarillas.

Si nos enfocamos en las relaciones cuando hablamos con personalidades amarillas, entonces nos conectaremos. No son los datos ni los hechos lo que determina nuestra conexión. La conexión viene de la confianza entre nosotros.

¿Las personalidades amarillas quieren saber cómo nos sentimos?

Por supuesto que sí.

Pero también quieren saber cómo queremos que ellos se sientan. No hagas que adivinen nuestras intenciones.

Podemos conectarnos rápidamente con los prospectos de personalidad amarilla al dejarles saber exactamente cómo queremos que se sientan sobre nuestra propuesta.

Por ejemplo, podríamos decir, "Nuestra misión es ayudar a las madres jóvenes a darle una mejor nutrición a sus niños. Este producto se asegura de que sus hijos reciban toda la nutrición básica. Me gustaría que me ayudaras a compartir esta opción, para que más madres sepan de esto. Podemos hacer una diferencia no sólo en la salud de los niños pequeños, sino en su capacidad de aprendizaje."

Bastante claro.

La gente nos prejuzga, incluso las personalidades amarillas.

Sólo tenemos unos pocos segundos para hacer una buena primera impresión. Vamos a usar esos segundos para abrir las mentes de nuestros prospectos para que puedan escuchar nuestro mensaje. Una vez que nuestro mensaje esté dentro de la cabeza de nuestros prospectos, ellos podrán decidir si les sirve o no.

No tenemos que ser vendedores. No tenemos que presionar a nuestros prospectos para que decidan. Todo lo que debemos de hacer es lograr que nuestro mensaje llegue al interior de la cabeza de nuestros prospectos. Son personas con inteligencia. Tienen sentido común. Ellos saben si lo que les ofrecemos les servirá o no.

Si comenzamos nuestra conversación con palabras que hacen resonancia con el color de personalidad de alguien, escucharán nuestro mensaje fuerte y claro.

¿Cuánto tiempo tenemos? No mucho. Muchas ocasiones las personas toman su decisión final sobre nosotros cuando miran nuestro rostro. Otros deciden dónde encajaremos dentro de sus vidas al juzgar la primera frase que sale de nuestra boca.

Sí, debemos ser cuidadosos sobre las palabras que usamos para comenzar nuestras conversaciones.

Cuando iniciamos conversaciones, ¿qué palabras usaremos para las personalidades amarillas?

Ejemplos del lenguaje para personalidades amarillas.

Si hablamos en el lenguaje "amarillo," es fácil para ellos entender nuestras intenciones. Estos ejemplos nos ayudarán a enfocarnos en su deseo de una conexión emocional.

- "Todo pasa por una razón."
- "Quiero asegurarme de que lo que comparto es significativo."
- "¿Esto resuena contigo?"
- "Si compartimos con buenas intenciones, confío en que nuestro negocio crecerá."
- "¿Cómo te sentirías compartiendo estos productos con otros?"
- "¿Cómo te sientes al llevar opciones de salud más naturales a las vidas de las personas?"

Se trata más sobre la conexión que sobre el mensaje. Los mensajes son buenos. Pero para las personalidades amarillas, lo que hace la diferencia es la unión.

¿A las personalidades amarillas sólo les interesan las conexiones místicas, auras, unicornios, emojis, vibraciones y la posición de las estrellas en el cosmos?

No. Pero así pareciera para las personalidades que están enfocadas en actividades, como las personalidades rojas o verdes. Hay una gran posibilidad de una mala comunicación.

Las personalidades que se enfocan en actividades se enfocan en su mensaje. Es por eso que se pierden y no conectan con las personalidades amarillas.

El secreto de las personalidades amarillas.

Las personalidades amarillas aman relacionarse con el presentador, y luego respaldar la misión de esa persona.

Aquí hay un test de nuestra empatía con las personalidades amarillas.

Nosotros decimos: –Quiero invitarte a nuestra conferencia sobre trabajar desde casa. Sería genial si pudiéramos asistir juntos.–

Ahora, ¿cuál es la motivación de la personalidad amarilla con la que estamos hablando? ¿Tiene un deseo de asistir a la conferencia sobre trabajar desde casa? O, ¿su deseo es apoyarnos al ir con nosotros?

Sí, a las personalidades amarillas les encantará la cultura familiar de la conferencia. Pero su principal motivación es apoyarnos.

Frases para presentar.

Comencemos nuestras presentaciones con estas frases que conectan con las personalidades amarillas.

- "Puedes ayudar a más personas."
- "Necesitamos de tu ayuda."
- "Queremos compartir este mensaje."
- "Ahora nuestro trabajo tiene un significado."
- "La mayoría de las personas a quienes les muestro esto adoran cómo ayuda a las familias."
- "A la mayoría de las esposas a quienes les muestro esto aman cómo pueden traer a su esposo a casa."
- "La mayoría de los padres de familia que ven esto aman cómo les ayuda a lograr los sueños de sus niños."
- "Aquí está tu oportunidad para conectar con personas."

Tenemos muchas opciones. Veamos cómo estas frases sonarían en la vida real.

"Puedes ayudar a más personas cuando te conviertas en distribuidor con nuestro negocio. Muchas personas necesitan este producto, pero no saben que existe. Si nos pudieras ayudar a compartir este mensaje, muchas personas apreciarían lo que hiciste por ellas."

"Necesitamos de tu ayuda para que podamos alcanzar a la comunidad de la tercera edad. Ellos quieren vivir más tiempo. Quieren mejorar su salud para pasar días con sus nietos. Tú puedes ser nuestra voz y compartir esta solución con ellos."

"Necesitamos compartir este mensaje. La mayoría de los hombres quisieran tener un ingreso extra para que su esposa no trabaje. Ahora tendrán más tiempo de calidad en familia y todos estarán más felices."

"Ahora nuestro trabajo tiene un significado. En lugar de mover papeles de un lado a otro del escritorio, podríamos cambiar la vida de las familias. Podemos tener una carrera de tiempo completo mientras sentimos la satisfacción de ayudar a otros."

"La mayoría de las personas a quienes les muestro esto adoran cómo ayuda a las familias. El ingreso extra de nuestro negocio significa más vacaciones, mejores vacaciones, y recuerdos familiares que duran para siempre."

"A la mayoría de las esposas a quienes les muestro esto aman cómo pueden traer a su esposo a casa. Con ambos padres trabajando desde casa, pueden asistir a los eventos de los niños. Ahora pueden vivir los sueños que tuvieron cuando se casaron."

"La mayoría de los padres de familia que ven esto aman cómo les ayuda a lograr los sueños de sus niños. Sus hijos aprenderán la emoción de tener un negocio familiar. Ahora pueden soñar sobre las universidades en las que desean estudiar, y el estilo de vida que quieren tener cuando se gradúen."

"Aquí está tu oportunidad de conectar con personas y ayudarlos a mejorar sus vidas. Nos sentiremos satisfechos con nuestro trabajo, y todos los días nos sentiremos genial."

Frases para vender.

¿Necesitas algunas frases para decir mientras vendes tu productos o servicios?

- "Muchísimas personas necesitan esto."
- "Aquí está tu oportunidad de ayudar."
- "Ahora esto puede ayudar."
- "Necesitamos que compartas tus resultados."
- "Este producto/servicio ayuda a la gente."

- "Esto hará una diferencia."
- "Compartir ayudará a todos."

Aquí hay ejemplos usando estas frases.

"Muchísimas personas necesitan este plan de ahorros con descuento. El dinero extra que ahorren hará una gran diferencia. Muchas familias luchan cada mes para estirar su cheque. Nosotros podemos ayudarlos a llegar a fin de mes."

"Aquí está tu oportunidad de ayudar a que las personas pierdan esos kilos que no quieren y hacer que se sientan mejor con ellos mismos."

"Ahora esto puede ayudar a los ancianos. En lugar de nunca tener suficiente energía para los nietos, ahora podrán tener experiencias de vida geniales llevándolos a lugares divertidos."

"Necesitamos que compartas tus resultados. Guarda copias de tu vieja factura eléctrica. Luego muéstrale a tus amigos y familiares el nuevo recibo más barato que te enviaremos. Apreciarán ver las pruebas y se sentirán mejor de hacer el cambio."

"Este sistema de cuidado para el cutis le ayuda a los adolescentes a librarse del acné. Los jóvenes luchan con su auto-imagen. Ayudarles a eliminar su acné es un enorme paso hacia adelante para ellos."

"Esto hará una diferencia en la vida de las madres jóvenes. Pueden trabajar desde sus casas, y estar con sus familias."

"Compartir estos productos de limpieza naturales ayudará a todos. Menos contaminación y menos químicos en nuestra comunidad es nuestra prioridad más grande."

Frases para evitar.

Sí, también podemos ofender a las personalidades amarillas. Las personalidades amarillas encuentran satisfacción en sus vidas al ayudar a otras personas. Tienen menos interés en nuestro plan de compensación, investigaciones, conquistar montañas, o ganar concursos y premios. Hablemos sobre lo que les interesa. Eso es ser educados. Evita comenzar con estas frases cuando hables con personalidades amarillas:

- "Tienes que ponerte una meta."
- "Puedes hacer mucho dinero."
- "Sólo sal y consigue 100 personas que te digan que 'No.'"
- "No aceptes un 'no' por respuesta."
- "Tienes que construir a lo grande."

Aquí hay ejemplos de estas frases que están fuera de sincronía con la personalidad amarilla.

"Tienes que ponerte una meta ahora. Nada importante se logra sin una meta. Escribe exactamente cuántos clientes y distribuidores quieres comprometerte a firmar durante tus primeros 30 días."

"Puedes hacer mucho dinero, comprarte un pequeño país tercermundista, y dominarlos con puño de hierro." (Sí, hemos visto líderes de personalidad roja con sobredosis de cafeína decir esto mientras hablaban con personalidades amarillas. Se olvidan que no todos sueñan con dinero y poder.)

"Sólo sal y consigue 100 personas que te digan que 'No.' El rechazo sólo duele si tienes sentimientos. Olvida tus sentimientos y sólo dile a todos lo que ofrecemos."

"No aceptes un 'no' por respuesta. El cliente promedio no compra hasta que lo acosas por lo menos siete veces. Así que sigue llamando hasta que destroces su fuerza de voluntad y consigas esa venta."

"Tienes que construir a lo grande. La gente con sueños pequeños es gente pequeña. Tú no quieres ser pequeño, ¿o sí?"

¡Auch! Tal vez estos ejemplos son un poco demasiado. Sin embargo, debemos asumir que esto es lo que las personalidades amarillas están escuchando cuando decimos las palabras equivocadas.

Frases para motivación.

Todas las personalidades necesitamos motivación. Es difícil desempeñarnos al 100% todos los días de nuestras vidas. No tenemos que gritar en los oídos de las personas como un entrenador de futbol de secundaria para motivarlos. En lugar de eso, podemos usar palabras que resuenan con ellos. Aquí hay algunas frases que podemos usar para ayudar a motivar a las personalidades amarillas:

- "Al leer este libro, te será más fácil conectar con las personas que quieres ayudar."
- "Al compartir esto hoy, ayudarás a que otros cambien sus vidas."
- "¿Buscas ayudar a más personas?"
- "¿Amas retribuirle a quienes más lo necesitan?"
- "Te encantará el sentimiento de familia en nuestro próximo gran evento."
- "Hagamos del mundo un lugar mejor."

- "Necesito tu ayuda."
- "Hagamos esto juntos."
- "Puedo sentir cuánto significa esto para ti, y los demás podrán sentirlo también."
- "Queremos llevar a todos a los que queremos ayudar al evento."

Ahora, para los ejemplos usando estas frases.

"Al leer este libro, te será más fácil conectar con las personas que quieres ayudar. Nos muestra cómo tener más conversaciones agradables y con más significado con los demás."

"Al compartir esto hoy, ayudarás a que otros cambien sus vidas. Estarás plantando semillas que llevarán felicidad y éxito a los demás."

"¿Buscas ayudar a más personas? Aquí está tu oportunidad. Este negocio de medio tiempo le quita el estrés económico a las familias, y les provee una mejor calidad de vida. Ahora tienen más opciones para el futuro."

"¿Amas retribuirle a quienes más lo necesitan? Conoces el viejo dicho, 'Dale al hombre un pez y come por un día. Enséñalo a pescar, y come por toda su vida.' Ahora tu contribución no sólo cuenta hoy, sino que puede cambiar la vida de las personas para siempre."

"Te encantará el sentimiento de familia en nuestro próximo gran evento. Tendremos un hogar con esta compañía."

"Hagamos del mundo un lugar mejor al compartir nuestros productos de limpieza naturales y libres de químicos. A nadie le gustan las nubes de espuma en los ríos locales."

"Necesito tu ayuda. Si trabajamos en este negocio a medio tiempo, y donamos nuestras ganancias al fondo para el parque comunitario, podríamos construir el parque de patinetas justo a tiempo para el verano."

"Hagamos esto juntos. Podemos construir a nuestro paso, y de manera que sea cómoda para nosotros."

"Puedo sentir cuánto significa esto para ti, y los demás podrán sentirlo también. Vamos a trabajar juntos."

"Queremos llevar a todos a los que queremos ayudar al evento. Para muchos de ellos, será una experiencia que marcará sus vidas."

Frases para cerrar.

Los cierres pueden estresar a las personalidades amarillas. Ellos no quieren presionar ni forzar a sus prospectos a tomar acción cuando no están listos.

¿Y qué ocurre cuando presionamos y forzamos a las personalidades amarillas?

Bueno, ellos podrán no decirnos sus sentimientos, pero ciertamente no se están sintiendo bien. Los amarillos son tan corteses.

Podemos usar las siguientes frases para ayudar a las personalidades amarillas a tomar decisiones. Las buenas noticias son que las personalidades amarillas pueden usar estas mismas frases cuando hablen con sus prospectos. Es importante para las personalidades amarillas sentirse cómodas cuando hablan con los demás.

- "Comienza a pensar con cuántas personas puedes compartir esto."
- "¿Cuándo te gustaría comenzar a ayudar a otros?"
- "Con tu apoyo, podemos trabajar juntos para impactar más vidas."
- "Me asociaré contigo, y podemos asociarnos con otros también."
- "Podemos hacer esto juntos."
- "Comencemos a cambiar vidas YA."
- "Puedo darme cuenta que buscas ayudar de inmediato."
- "Vamos a conectarnos esta noche en la reunión."

Ahora para los ejemplos.

"Comienza a pensar con cuántas personas puedes compartir esto. Al principio sólo habla con las personas que piensas que les ayudará más."

"¿Cuándo te gustaría comenzar a ayudar a otros? ¿Por qué no comenzar ahora? Demasiadas personas necesitan que las alienten en sus vidas."

"Con tu apoyo, podemos trabajar juntos para impactar más vidas. Nosotros dos podríamos hacer un equipo genial. Podríamos animarnos mutuamente a diario para hacer más por ayudar a otros."

"Me asociaré contigo, y podemos asociarnos con otros también. Juntos podemos crear un equipo que conecte y mejore las vidas de las demás personas."

"Podemos hacer esto juntos. Ambos queremos marcar la diferencia. Esta es nuestra oportunidad de hacerlo."

"Comencemos a cambiar vidas YA. ¿A quién llamamos primero?"

"Puedo darme cuenta que buscas ayudar de inmediato. ¿Podemos ir juntos a la reunión de esta noche, para que puedas comenzar ya mismo?"

"Vamos a conectarnos esta noche en la reunión. Estoy emocionado de hacer equipo contigo."

Cuando cerramos a las personalidades amarillas, por favor recordemos esto. Es difícil para las personalidades amarillas decirle "no" a alguien. Quieren ser agradables. No quieren herir los sentimientos de los demás. Debido a su incapacidad de decir "no," debemos ser cuidadosos de no sacar ventaja de esto. Asegurémonos de que nuestra personalidad amarilla no se siente acorralada ni obligada.

Frases para aumentar la venta.

Los seres humanos tienden a pensar en pequeño ante los nuevos y desconocidos emprendimientos. Podemos ayudar a que las personas tengan un compromiso y visión más grandes.

A menudo cuando las personas se unen, tienen la opción de los paquetes para comenzar su negocio. Los paquetes más grandes tienen más valor, más producto para ayudar a otros, y otros beneficios adicionales. Las personalidades amarillas podrían sentirse un poco tímidas sobre dejar que otros sepan sobre las opciones más grandes. No quieren lucir agresivos, como un vendedor que busca hacer la venta más grande. Aquí hay algunas frases que podemos usar para ayudar a las personalidades amarillas a conseguir la venta más grande. Luego, las personalidades amarillas pueden usar estas frases para cómodamente hablar con otros también.

- "Este paquete es para ayudar a pocas personas."
- "Este paquete es para ayudar a muchas personas."
- "Ayudarás a más personas con el paquete más grande."
- "¿A cuántas personas te gustaría beneficiar?"
- "Hagamos una diferencia gigantesca."
- "Puedo sentir que quieres hacer un impacto grande."
- "Este paquete puede cambiar más vidas instantáneamente."
- "Podemos trabajar juntos para hacer llegar esto a todos."
- "Sabes que fuiste creado para tener un profundo impacto."

Ahora para los ejemplos.

"Este paquete es para ayudar a pocas personas. Ahora puedes cambiar las vidas de unos pocos amigos cercanos."

"Este paquete es el paquete recomendado para ayudar a muchas personas. En lugar de limitar tu ayuda a sólo unos pocos amigos, puedes ayudar aún más personas a mejorar sus vidas."

"Ayudarás a más personas con el paquete más grande. No sólo tendrás más productos para compartir, sino que le puedes pasar los descuentos a otros."

"¿A cuántas personas te gustaría beneficiar? Si quieres beneficiar a más personas, quieres el paquete grande."

"Hagamos una diferencia gigantesca. Con el paquete más grande podemos ayudar a que nuestro equipo tenga productos de inmediato, en lugar de esperar a que nos lo envíen."

"Puedo sentir que quieres hacer un impacto grande. ¿Podemos pedir el paquete grande, con todos esos productos extra gratis? Luego podemos usar los productos gratis para ayudar a que las personas nuevas comiencen bien."

"Este paquete puede cambiar más vidas instantáneamente. Las personas pueden inmediatamente tener experiencias con el producto cuando están escuchando de ellos."

"Podemos trabajar juntos para hacer llegar esto a todos. Yo sé dónde podemos colocarnos en el mercado local, y esto sería el display ideal."

"Sabes que fuiste creado para tener un profundo impacto. Vamos a contribuir en el mundo de manera significativa."

Respeta su privacidad.

¿Las personalidades amarillas son abiertas y quieren hablar sobre sí mismos? No usualmente. Es difícil para ellos abrirse y compartir sus pensamientos y sentimientos. No queremos acelerarlos antes que procesen nuestras propuestas.

Recuerda, quieren saber cómo su decisión afectará a otros. Eso tomará algo de tiempo. Y si no somos una personalidad amarilla, puede que sea duro esperar por sus respuestas.

Las personalidades amarillas dudan sobre fijar metas o activar un plan de negocio. Pero, ¿qué dicen el resto de los colores de ellos? Aquí hay un ejemplo de no conectar con una personalidad amarilla:

"Ya tienes un plan. Se llama el Plan de los 40 años. Nuestro plan es mejor. ¿Por qué no comienzas ahora?"

Un poco apresurado. ¿Notaste cómo el enfoque es en ellos y no en la relación? Sí, esto puede ser comunicado mejor. Por lo menos, podríamos darle a la personalidad amarilla un poco más de tiempo para procesar nuestra oferta.

¿Cómo podemos mejorar estas conversaciones?

Usa preguntas reflexivas.

Aquí hay un ejemplo. "Estás preocupado por enviar a tus hijos a la universidad por que es demasiado costosa. ¿Me podrías decir un poco más sobre eso?"

La personalidad amarilla piensa, "Pero que gran oyente."

Construimos confianza rápidamente. A las personalidades amarillas pueden agradarles todos, pero no confían necesariamente en todos. Mostramos respeto ante su preocupación de alta prioridad, la educación de sus hijos. Se sienten seguros trabajando con personas en quién confían.

Ahora, mientras la personalidad amarilla reflexiona sobre los gastos de la universidad, se estarán vendiendo a ellos mismos.

Escuchamos antes de hablar.

Comenzamos nuestras conversaciones siendo buenos oyentes primero. A menudo interrumpen e ignoran a las personalidades amarillas. Nosotros los respetamos al darles tiempo de expresar sus pensamientos y sentimientos. Ahora abrirán sus mentes, cuando sea nuestro turno de hablar. Los impresionaremos al otorgarles nuestra atención sin interrupciones, uno a uno, por unos minutos.

¿Quieres destruir esta conexión? Fácil. Sé impaciente, interrúmpelos, revisemos nuestras notificaciones en el teléfono e ignoremos su mensaje.

Nuestro problema es que tenemos una lista de pendientes que nos dirige. Nos enfocamos demasiado en completar los puntos en nuestra lista de tareas, que fallamos al ser un buen escucha. Lejos de eso, buscamos una oportunidad en la conversación para tomar el control y comenzar a trabajar sobre nuestras intenciones.

Exhala. Escucha primero. Luego habla. Hace las cosas mucho más fáciles.

La velocidad importa.

Diferentes personalidades tienen diferentes niveles de confort con respecto a la velocidad de nuestra conversación. Las personalidades amarillas son mucho más reflexivas. Quieren pensar sobre lo que decimos, y también pensar sobre su respuesta. Se sienten preocupados por cómo sus respuestas podrían afectar a otras personas.

¿Qué pasaría si hablamos extremadamente rápido con una personalidad amarilla? ¿Se sentirían estresados? Ciertamente. ¿Se sentirían apresurados? Por supuesto. Y ahora los estamos sacando de su zona de confort.

Cuando las personas están fuera de su zona de confort, nuestra comunicación sufre. Ahora tienen otras preocupaciones además de las palabras que decimos. Por ejemplo, podrían preguntarse si estamos hablando demasiado rápido para esconder algo. O, que estamos empujando información dentro de su garganta sin pausa para que no puedan interrumpirnos o hacer preguntas.

Las personalidades amarillas necesitan tiempo para procesar lo que decimos. Quieren tiempo para procesar cómo piensan que nos sentimos.

Ese es el por qué no debemos de apresurarnos en nuestra conversación, y mantener un paso lento y estable.

¿Qué hay del tono de nuestra voz? Obviamente, demasiado alto no sería cómodo. Deberíamos mantener un tono y un volumen más uniforme durante nuestra conversación. Nadie se siente cómodo con cambios emocionales salvajes mientras hablamos.

¿Las personalidades amarillas tienen objeciones?

Sí. Aquí hay una rápida frase que podemos usar para comenzar nuestra respuesta a sus objeciones:

"Sé cómo te sientes…"

Estas palabras comienzan la conexión. Ahora podemos ayudar a las personalidades amarillas a salir adelante al hablar sobre sus preocupaciones.

Aquí hay algunos ejemplos.

Personalidad amarilla: "No tengo el dinero en nuestro presupuesto para esto ahora. Es muy caro."

Nosotros: "Sé cómo te sientes. Nosotros tenemos presupuestado cada dólar que podemos para nuestros hijos y familia. Pero esto es una oportunidad de ayudar a todos en nuestra comunidad. Probablemente te estás preguntando cómo puedes recuperar tu dinero rápidamente. ¿Te gustaría saber cómo hacer esto mientras ayudas a otras personas en el camino?"

¿Otro ejemplo?

Personalidad amarilla: "No soy un vendedor, no me gustan las ventas."

Nosotros: "Sé cómo te sientes. Probablemente querrás saber cómo puedes compartir esto sin presionar ni ser incómodo. ¿Qué tal si nos pudiéramos enfocar en ayudar personas en lugar de tratar de venderles?"

Dos ejemplos más.

Personalidad amarilla: "No tengo tiempo, estoy muy ocupada."

Nosotros: "Sé cómo te sientes. Las obligaciones familiares toman la mayoría de nuestro tiempo. ¿Te gustaría saber cómo podemos ayudar a las personas en nuestra comunidad con nuestro tiempo tan limitado?"

Personalidad amarilla: "No soy una persona extrovertida. Soy tímida. No me siento cómoda hablando con desconocidos."

Nosotros: "Sé cómo te sientes. Nosotros queremos ayudar a las personas, pero no queremos sentirnos rechazados. ¿Te gustaría saber cómo ayudar personas sin presionarte?"

Qué no hacer. Algunos no-no's.

Evita violar los valores de las personalidades amarillas. Ellos no comprometerán sus poderosos valores internos. No podemos construir confianza sobre valores violados.

Para comprender a las personalidades mejor, piensa en cómo priorizan sus valores. De los 14 valores básicos, muchas personalidades amarillas tendrían preferencias similares a esto.

Valores más prominentes:

Deseo de sentirse necesitados.

Relación amorosa en pareja.

Familia.

Iluminación personal.

Valores menos prominentes:

Poder.

Seguridad financiera.

Deseo de riqueza.

Satisfacción profesional.

Deseo de lucir bien.

Adicción a la aventura.

Popularidad.

Deseo de pasar un buen rato.

Aspiraciones de fama.

Logro.

Deberíamos presentar nuestra oferta para apoyar sus valores de más alta prioridad, no estar en conflicto con estos valores.

Al saber qué valores aprecian más las personalidades amarillas, podemos hablar con ellas de manera que les ayude a sentirse más cómodos. Recuerda, a las personalidades amarillas les encantan las conversaciones libres de estrés.

¿Qué más deberíamos evitar con las personalidades amarillas?

Evita apresurar sus decisiones, o incluso apresurarte con tus respuestas. Dales tiempo de pensar sobre cómo sus respuestas afectarán a las personas en sus vidas.

Evita enfocarte en detalles de planes de compensación, promesas de cheques enormes, y ceremonias de premios. En lugar de eso, enfócate en las relaciones y cómo podemos ayudar a otros.

Y finalmente, evita presionar. Este es un genial momento para ser educado.

CÓMO HABLAR CON LAS PERSONALIDADES AZULES.

Si no te es familiar la personalidad azul, aquí hay un rápido vistazo.

A los azules les encanta estar de fiesta. Las emociones, viajes, probar cosas nuevas son sus prioridades. Para otros, luce como si los azules están viviendo sus vidas a 200 k/m sin el cinturón de seguridad.

¿Y el enfoque? No hay tiempo para eso. Es más divertido cambiar a cosas nuevas, más emocionantes.

Las personalidades azules aman hablar con personas, especialmente personas nuevas. Ellos hablarán con quien sea. Hablarán todo el tiempo. ¿El desconocido en el ascensor que comenzó a hablar contigo? Esa es una personalidad azul. Las personalidades azules hablan todo el día. Y toda la noche mientras duermen.

No hay filtro entre sus cerebros y sus bocas. Las personalidades azules se sienten obligados a decirte qué es lo que piensan a cada momento. Ellos hablan tanto que los telemarketers les cuelgan, y se les prohíbe en los talk-shows.

Nosotros tendemos a amar a las personalidades azules. Ellos aman la diversión y son optimistas generalmente. Ellos siempre sienten que las cosas funcionarán. Sí, no planean muy bien, pero piensan rápido sobre la marcha. Esto los hace las personas más suertudas que conocemos.

Si tenemos hijos que son personalidades azules, nunca hay un momento de silencio o aburrimiento. Parece como si todo el mundo estuviera en acción. Y mientras hay bastante acción, puede que no haya muchos resultados.

¿Tratar de comunicarse con las personalidades azules? La mayoría de nuestra energía será gastada al principio, tratando de capturar su atención. Y si esto luce cansado, nuestra siguiente meta es mantener su atención. Eso es todavía más difícil. ¿Por qué? Por que las personalidades azules viven en el momento, y cualquier nuevo objeto brillante o nuevo pensamiento los distraerá.

No tendremos problemas reconociendo una personalidad azul. Por supuesto que son conversadores, pero también tienden a resaltar. No se esconden detrás de nadie. Son quienes andan con las brillantes camisas hawaianas, ansiosos por tomar el escenario central. Para las personalidades más silenciosas, luciera como si las personalidades azules nacieron para ser artistas.

Así que piensa en términos de diversión, y las personalidades azules serán amigas nuestras. Prepárate para un paso de alta intensidad con ellos. Deberíamos descansar antes de reunirnos con ellos o se convertirán en vampiros de energía. Dejaremos nuestro encuentro con una personalidad azul completamente exhaustos.

Si somos tímidos, no te preocupes. Ellos adoran ser el centro de atención. No hay problemas con eso.

Y usemos nuestro sentido común. Evitemos actividades aburridas como escuchar presentaciones repletas de datos y cifras.

Las palabras.

Es fácil reconocer a las personalidades azules por el volumen de sus palabras. También escucharemos palabras específicas en sus conversaciones, mensajes, y publicaciones en redes sociales.

Aquí hay palabras comunes usadas por las personalidades azules:

- Diversión.
- Disfrutar.
- Fiesta.
- Entretenido.
- Emocionante.
- Celebrar.
- Reír.
- Día festivo.
- Peligroso.
- Sensacional.
- Hospedar.
- Interesante.
- Asombroso.
- Increíble.
- Inverosímil.
- Rápido.
- Bailar.
- Alucinante.
- Sorpresa.

- Sorprendente.
- Impactante.
- Expresión.
- Interpretación.
- Conversar.
- Karaoke.
- Escape.

Palabras como estas nos dan pistas de que estamos en el activo mundo de una personalidad azul.

¿Cuáles son las prioridades de las personalidades azules?

Actividades divertidas con otros primero, trabajo después.

¿El peor castigo en el mundo para las personalidades azules? Aislamiento. Las personalidades azules son sociales. Divertirse es lindo, pero es más divertido divertirse con otras personas. Compartir experiencias con otros multiplica la diversión. Y una vez que las experiencias se acaban, las personalidades azules pasarán horas reviviendo todas esas experiencias en la conversación con los demás.

¿Quieres comunicación efectiva con las personalidades azules? Entonces tendremos que acelerar y hacernos más interesantes. De las cuatro diferentes personalidades, las personalidades azules toman las decisiones más rápido. Gran parte de su toma de decisiones se centra alrededor de esta pregunta: "¿Esto suena interesante y emocionante?" Si no somos interesantes ni emocionantes en los primeros pocos segundos, ellos se han ido.

Veamos algunos ejemplos de frases y palabras típicas que nos ayudarán a comunicarnos más efectivamente.

Prospectando personalidades azules.

Recuerda, corto y breve.

- "¿Te gusta la diversión?"
- "¿Sabes qué es muy divertido?"
- "Esto es tan emocionante."
- "Ahora esto será realmente diferente."
- "¿Te puedes imaginar cuánta diversión vamos a tener?"
- "¿No puedes esperar por la diversión?"

Aquí hay algunos ejemplos de estas cortas frases.

"¿Te gusta la diversión? ¿Está bien si tenemos diversión 24 horas al día? Haremos exactamente eso, comenzando desde ya."

"¿Sabes qué es muy divertido? Conocer nuevas personas. Imagina que te pagaran por conocer personas nuevas. ¿Qué podría ser mejor que eso?"

"Esto es tan emocionante. Todos los días serán un día de 'wow' en nuestro negocio."

"Ahora esto será realmente diferente. A ti y a mí nos detesta el aburrimiento. Tendremos experiencias nuevas cada día."

"¿Te puedes imaginar cuánta diversión vamos a tener? Personas nuevas y aventuras nuevas todos los días."

"¿No puedes esperar por la diversión? Empecemos ya, ambos tenemos personas con las que debemos platicar."

Frases para presentar.

Con breves periodos de atención y mentes muy activas, las presentaciones con prospectos azules son un reto. Estas pequeñas frases nos ayudan a mantener su atención.

- "Olvida los detalles, vamos a enfocarnos en las partes divertidas."
- "Disfrutarás esta parte."
- "Esta es la parte divertida, hablar con otros."
- "¿Esperas divertirte mucho en este negocio?"
- "¡Esto estará emocionante!"

Vamos a expandir estos ejemplos un poco para nuestra presentación.

"Olvida los detalles, vamos a enfocarnos en las partes divertidas. ¿Te puedes ver a ti mismo hablando con personas nuevas todos los días sobre este negocio? ¿Qué podría ser más divertido que eso?"

"Disfrutarás esta parte. Te encanta viajar, y hacemos muchos viajes. ¿Qué tan divertido será viajar a nuevos destinos en vacaciones con nuestros amigos?"

"Esta es la parte divertida, hablar con otros. Todo lo que hacemos es hablar con otros, y la compañía se encarga de los detalles."

"¿Esperas divertirte mucho en este negocio? Vamos a registrarte ya para que puedas hablar con personas inmediatamente."

"¡Esto estará emocionante! Me encantan los proyectos emocionantes."

Podríamos estar tentados a pensar, "Mi presentación debería de ser más larga." Pero eso no es lo que nuestros prospectos de personalidad azul están pensando. Ellos ya decidieron si nuestra propuesta fue divertida e interesante o no. Decisiones primero, detalles… ¿después? Tal vez, detalles… ¡nunca!

Esto es un muy mal momento para una presentación repleta de datos. Y es un muy buen momento para que nos mordamos la lengua, mientras nuestro prospecto de personalidad azul está hablando.

Deberíamos colocar nuestro enfoque en nuestras frases de apertura. No necesitas invertir mucho tiempo en una presentación que será ignorada.

Frases para vender.

Aquí hay buenas noticias. Cuando vendemos productos o servicios a las personalidades azules, a menudo nuestro ofrecimiento es algo nuevo. Ya lucimos interesantes. No tenemos que dar vueltas a las características, beneficios, y propuestas únicas de venta. Si nuestra oferta es algo nuevo, les decimos. Si nuestro producto hace algo interesante, les decimos. Es así de simple.

Aquí hay algunas frases cortas que podemos usar.

- "Vas a amar esto."
- "Estarás impactado con la diferencia."
- "Esto hace que funcione mucho más rápido."
- "Veamos qué tan rápido te funciona a ti."
- "Sólo pruébalo, te enamorarás."

- "Súper rápido y fácil."
- "Fácil de usar, fácil de compartir."
- "Se trata de los resultados, no de los aburridos detalles."

Ahora pongamos a trabajar estas mini-frases.

"Vas a amar esto. Todos van a querer oír tu historia sobre este producto."(¡Sí! ¡Tendré oportunidad de hablar más!)

"Estarás impactado con la diferencia en tu factura eléctrica. Querrás contarle a todos los que conoces." (Ya sé a quién le voy a platicar primero. ¡Ya quiero que llegue mi próximo recibo!)

"Esto hace que funcione mucho más rápido. Te fascinará la nueva velocidad." (¿Más rápido? ¡ESO es emocionante!)

"Veamos qué tan rápido te funciona a ti. Y así tendrás la mejor historia jamás." (¿La mejor historia jamás? ¡Wow! Yo puedo contar esa historia una y otra vez.)

"Sólo pruébalo, te enamorarás. ¿Por qué esperar?"

"Súper rápido y fácil. ¡Empecemos ya!"

"Fácil de usar, fácil de compartir. ¡Vamos a hacerlo!"

"Se trata de los resultados, no de los aburridos detalles. Te encantará este evento."

Frases para evitar.

Cualquier frase que contenga la palabra, "datos." Eso estaría mal. No se necesita un científico para darse cuenta de que la información aburrida ahuyentará a las personalidades azules. Tablas, gráficos, diapositivas de PowerPoint, aburridos videos de la compañía, explicaciones del plan de compensación, testimonios, investigación y detalles… todo eso crea tensión en nuestros prospectos de personalidad azul. No pueden esperar a que terminemos, para que puedan tener una conversación más interesante.

Otros colores de la personalidad piensan que los azules tienen un periodo de atención corto. Pero la realidad es que ellos procesan simples datos e información tan rápido, que se aburren esperando a que acabemos.

Aquí hay algunas frases cortas que arruinan nuestra afinidad con personalidades azules.

- "Tienes que saber todos los detalles."
- "Esto es importante, presta atención."
- "Apalancar tu tiempo es importante."
- "Tenemos un entrenamiento completo."

Ya podemos sentir cómo la conversación termina mal. Pero hagamos algunos ejemplos usando estas frases.

"Tienes que saber todos los detalles. Así que vamos a fijar una fecha para asistir a nuestra primera clase. Luego, podremos tomar notas y aprender sobre cómo implementar todo." (Mira cómo la sangre lentamente se drena del rostro de las personalidades azules.)

"Esto es importante, presta atención. Quiero explicar los 34 niveles de nuestro nuevo plan de compensación." (Nuestros prospectos de personalidad azul se fueron a cantar una canción en su mente, ya no escuchan una palabra de lo que decimos.)

"Apalancar tu tiempo es importante. Tenemos que comprar un planeador y empezar a programar todo." (¿Programa? ¡El enemigo de la libertad y el pasarlo bien! Esto casi suena como disciplina.)

"Tenemos un entrenamiento completo empezando este sábado. Llega temprano para conseguir lugar, trae bastante papel, y a las 5 de la tarde tendremos información preliminar para poder continuar en la clase de la siguiente semana."

Ninguna de estas frases suena divertida. Ciertamente no son emocionantes. Y todo se está moviendo demasiado lento.

Las personalidades azules quieren acción.

Frases para motivación.

Las personalidades azules adoran ser sociables. Las cosas son más divertidas cuando otra gente participa.

Realiza actividades grupales. Esto motivará a los miembros de personalidad azul en nuestro equipo, y atraerán otros prospectos de personalidad azul. Cada miembro del grupo se alimenta del entusiasmo de los demás miembros. Las actividades grupales son divertidas.

Aquí hay algunas frases cortas que podemos usar para motivación.

- "Hagamos esto ahora."
- "Nuestros eventos son como una fiesta gigante."
- "Será un rato asombroso."
- "No puedo esperar a celebrar cuando llegues a esa divertida meta."

- "Nuestros viajes grupales son asombrosos."
- "La pasarás bomba."
- "No puedo esperar a ir de fiesta contigo."
- "No quiero perderme de toda la diversión."
- "¿Listo para algo de diversión?"
- "Estoy tan emocionado de tenerte aquí."

Aquí hay ejemplos de estas mini-frases en acción.

"Hagamos esto ahora. Esperar es tan aburrido."

"Nuestros eventos son como una fiesta gigante. Conocemos personas nuevas, nos motivamos unos a otros y pasamos un día genial."

"Será un rato asombroso. Llenemos el auto con nuestros nuevos distribuidores para que podamos divertirnos juntos en el evento."

"No puedo esperar a celebrar cuando llegues a esa divertida meta. Apuesto que si hablamos con el doble de personas esta semana, la tendremos antes del siguiente fin de semana. Sería un genial momento para anunciar la fiesta."

"Nuestros viajes grupales son asombrosos. No te quieres perder ni uno solo. Viajes, aventuras, y más amistades. No puede ser mejor que eso."

"La pasarás bomba. ¡Y me voy contigo!"

"No puedo esperar a ir de fiesta contigo. Con este nuevo negocio tendremos tanto de qué hablar."

"No quiero que te pierdas de toda la diversión. ¡No te quedes atrás!"

"¿Listo para algo de diversión? Dejemos atrás a la gente aburrida."

"Estoy tan emocionado de tenerte aquí. Y te presentaré con muchos amigos nuevos."

Frases para cerrar.

Cuando estamos hablando con prospectos de personalidades azules, cerrar es fácil. Ellos quieren tomar acción. No quieren sentarse y analizar las cosas. Ellos piensan, "La vida es para vivir, vamos a vivir más ahora."

¿Quieres cerrar prospectos con personalidades azules? Aquí hay unas pocas frases cortas para hacer que se muevan rápido.

- "Hagamos esto esta noche."
- "Es emocionante una vez que ingresas."
- "Hagamos esto ahora."
- "Esto va a explotar."
- "Vamos a darnos prisa a registrarte."
- "El registro es rápido y fácil."
- "Enfoquémonos en quién queremos llevar a pasarla bien."
- "¿Quién es una montaña de diversión con la que podemos hablar primero?"
- "Me entusiasma que nos acompañes."

Nota cómo usamos la palabra "vamos" mucho. Las personalidades azules prefieren actividades que se hacen con otras personas. Ellos aman ser sociales.

Aquí hay algunos ejemplos usando estas pequeñas frases.

"Hagamos esto esta noche. Somos personas de acción."

"Es emocionante una vez que ingresas. Entonces, ¡vamos a hacer esto juntos y pasar el rato de nuestras vidas!"

"Hagamos esto ahora. Esperar es para la gente aburrida."

"Esto va a explotar. Tendremos tanta diversión que no vamos a querer dormir."

"Vamos a darnos prisa a registrarte y que puedas comenzar a hacer puntos para nuestro primer viaje. ¡Podemos compartir habitación en el hotel!"

"El registro es rápido y fácil. No tenemos que esperar nada."

"Enfoquémonos en a quién queremos llevar a pasarla bien. ¿A quién podemos llamar primero?"

"¿Quién es una montaña de diversión con la que podemos hablar primero? Nuestro grupo será el más divertido."

"Me entusiasma que nos acompañes. Vamos a poder viajar y hacer muchísimas cosas juntos."

A diferencia de las personalidades verdes, a quienes estudiaremos más adelante en este libro, nuestras personalidades azules quieren tomar acción. Quieren decisiones instantáneas. Nada de esperas. Ellos piensan, "Quiero resolver esto ya mismo."

Es más fácil para ellos tomar una decisión instantánea ahora que pasar por los aburridos datos. Piensa en "acción instantánea," y luego podemos relacionarnos con las personalidades azules.

Frases para aumentar la venta.

Cuando las personalidades azules toman la decisión de unirse, quieren hablar con sus amigos inmediatamente. No hace falta esperar. Si nuestro negocio ofrece paquetes de inicio opcionales, aquí está cómo presentarlos para las personalidades azules. No hace falta explicar los detalles. Sólo hacemos la oferta.

Aquí hay algunas frases de ejemplo que las personalidades azules apreciarían.

- "Este paquete es bueno si quieres tener 'algo' de diversión."
- "Este paquete es bueno si quieres tener mucha diversión."
- "Tendrás demasiada diversión con el paquete grande."
- "¿Con cuánta gente te gustaría platicar?"
- "Más muestras es igual a más personas con las que podemos hablar."
- "No te preocupes por los detalles, este es más divertido."

Aquí están estas frases en acción.

"Este paquete es bueno si quieres tener 'algo' de diversión. Tenemos suficiente producto para hablar con unas pocas personas."

"Este paquete es bueno si quieres tener mucha diversión. Tenemos bastante producto para hablar con muchas personas inmediatamente."

"Tendrás demasiada diversión con el paquete grande. Lo colocas junto a la puerta y tomas unos productos cuando sales cada mañana. Qué manera tan genial de conocer personas nuevas."

"¿Con cuánta gente te gustaría platicar? ¿Con todos? Entonces el paquete grande es lo que necesitamos para iniciar."

"Más muestras es igual a más personas con las que podemos hablar. Qué manera tan buena de iniciar conversaciones."

"No te preocupes por los detalles, este es más divertido. Vamos a usar los productos extras como premios en nuestras presentaciones caseras. ¡Todos estarán felices de venir!"

¿Las personalidades azules tienen objeciones?

Sí, pero recuerda, no mantienen el mismo pensamiento durante mucho tiempo. No queremos sobrecargar nuestras respuestas.

¿Necesitas algunas palabras geniales que puedas decir cuando las personalidades azules comienzan a tener objeciones?

Di:

"Lo entiendo."

Sé rápido, habla rápido, y no los hagas esperar. Aquí hay algunos ejemplos rápidos.

Objeción: "No quiero sentarme en el entrenamiento del sábado. Es tan aburrido."

Nuestra respuesta: "Lo entiendo. No queremos estar aburridos. Pero conocerás a muchas personas nuevas ahí, y eso será muy emocionante."

Objeción: "Hacer seguimiento es aburrido. Prefiero conocer personas nuevas."

Nuestra respuesta: "Lo entiendo. Pero es divertido cuando se unen. ¿Por qué no les decimos sobre nuestro nuevo viaje cuando les hablemos?"

Objeción: "No es divertido presionar como vendedores."

Nuestra respuesta: "Lo entiendo. ¿Qué tal si nos enfocamos en las partes divertidas en lugar de las mañosas tácticas tradicionales de venta?"

Objeción: "No puedo recordar todo eso para dar una presentación."

Nuestra respuesta: "Lo entiendo. Las presentaciones son aburridas. Nadie quiere escucharlas de todas maneras. Sólo habla de las partes que encontraste más interesantes."

La buena noticia es que las personalidades azules no tienen muchas objeciones. Por ejemplo, nunca escucharás a una personalidad azul decir, "No quiero ir al evento." Nunca sucede. ¿Por qué? Por que los eventos son divertidos. Son como fiestas. Personas nuevas, oportunidad de hablar con todo mundo, experiencias nuevas. Si el evento es lejano, ¡es más emocionante por el viaje!

La velocidad importa.

¿Personalidades azules? Son unos tornados en la comunicación. Velocidad sin control, rápidos cambios de tema, y nada de tiempo para escuchar nuestras palabras.

Sí, comunicarse con una personalidad azul puede ser un reto. Debemos limitarnos a cortos fragmentos de información y frases muy breves. Debido a que el cerebro de las personalidades azules trabaja a hiper-velocidad, quieren terminar nuestras oraciones por nosotros. Quieren responder sus preguntas antes de que les preguntemos si tienen preguntas. El problema es que pueden escuchar y procesar muchas veces más rápido de lo que nosotros podemos hablar. Las conversaciones pueden ser muy aburridas para las personalidades azules.

Si no estás seguro que alguno de tus prospectos es una personalidad azul, haz esta prueba. Intenta una conversación breve, y mira qué tan rápido responden. Las personalidades azules responden instantáneamente. No toman tiempo de pensar y considerar lo que les dijimos. En lugar de eso, reaccionan.

Para comprender mejor a las personalidades azules, hagamos un pequeño juego. Ahora, este juego será divertido para nosotros, pero una tortura para las personalidades azules. Aquí está lo que vamos a hacer.

#1. Comencemos nuestra oración con las personalidades azules muy lentamente. Mientras progresamos en la oración, vamos todavía más despacio. Luego deja pausas entre cada palabra.

#2. Observa a las personalidades azules retorcerse, morder sus labios, ponerse tensos, y finalmente descomponerse, interrumpirnos y terminar la frase por nosotros. No pueden soportar el suspenso.

Así que cuando hablamos con las personalidades azules, debemos de acelerar. Un buen plan es tomar varias tazas de café antes de hablar con ellos. Tal vez saltar de arriba a abajo, escuchar música motivacional, o hacer lo que sea necesario para incrementar nuestro metabolismo y acelerar nuestra conversación.

Nuestra meta es comunicarnos con ellos de la mejor manera posible para que escuchen nuestro mensaje. Eso significa hablar rápidamente, brevemente, y estar listo para que nos interrumpan y tomen el control de la conversación en la primer oportunidad.

Esto significa que queremos nuestra mejor información muy temprano en nuestra conversación.

Qué no hacer. Algunos no-no's.

No obligues a las personalidades azules a planificar, planificar y planificar todavía más. Su personalidad desea tomar decisiones instantáneas, y luego entrar en acción. Atraparlos en un plan a largo plazo se siente como una restricción.

Podríamos pensar, ¿no deberían planificar más? No.

Las personalidades azules son innovadoras. Son suertudas, siempre parecen aterrizar de pie. Siempre parece que salen con soluciones creativas de último minuto para sobrepasar su falta de planeación.

Así que los planes de largo plazo, procesos paso a paso, y listas de tareas no son naturales para las personalidades azules. Vamos a permitirles brillar con su rápido pensamiento y ajustes improvisados.

¿Qué tal si necesitamos más personalidades azules en nuestro equipo?

Si nuestra meta es entrar en 'momentum,' entonces sí. Las personalidades azules pueden ayudarnos a llegar ahí. Aquí está cómo podemos localizar personalidades azules para nuestro equipo de inmediato. Ve con alguien y hazle una simple pregunta: "¿A quién conoces que sea bueno contando historias?"

Esta pregunta no es invasiva ni atemorizante. La mayoría de las personas puede referirnos a alguien bueno para contar historias. Naturalmente, esta persona sería una personalidad azul.

Luego, todo lo que debemos de hacer es llamar a esta referencia. Nuestra llamada podría ser algo como esto: "Hola John. Tu amiga, Mary, dijo que eres bueno contando historias. ¿Eso es verdad?"

Si la persona nos da un "sí" como respuesta, podemos decir: "Hay dos tipos de personas en el mundo. Quienes cuentan historias, y quienes cuentan historias y les pagan por ello."

Eso es todo lo que debemos de decir. La personalidad azul puede saber si ahora es el momento de comenzar a recibir un pago por contar historias, o continuar contando historias gratis.

¿Quieres un entendimiento más profundo de por qué las personalidades azules hacen las cosas que hacen?

Para comprender a las personalidades azules aún mejor, piensa en cómo priorizan sus valores. De los 14 valores, muchas personalidades azules tendrían preferencias similares a esto.

Valores más prominentes:

Deseo de lucir bien.

Relación amorosa en pareja.

Familia.

Iluminación personal.

Adicción a la aventura.

Popularidad.

Deseo de pasar un buen rato.

Valores menos prominentes:

Poder.

Seguridad financiera.

Deseo de riqueza.

Satisfacción profesional.

Deseo de sentirse necesitados.

Aspiraciones de fama.

Logro.

Podemos conectarnos con las personalidades azules más efectivamente cuando sabemos lo que más valoran. Esto nos ayuda a mantener su atención. Es más divertido hablar con las personalidades azules cuando nos están escuchando.

CÓMO HABLAR CON LAS PERSONALIDADES ROJAS.

"Date prisa. Más vale que te apures. ¡Ve al punto o estás frito!" Las personalidades rojas no tienen tiempo para charlar.

Las personalidades rojas viven para el logro. Ellos son los que hacen las cosas. Ellos hacen las cosas y luego miden los resultados. Si no son el jefe, puedes garantizar que piensan que son más listos que su jefe. Piensa en las personalidades rojas como confiados, extrovertidos, impacientes por resultados, y muy decisivos. No toma mucho tiempo para que tomen una decisión y entren en acción. Ellos tendrán un plan, y el enfoque para lograrlo.

¿Liderazgo? Sí, las personalidades rojas quieren ser líderes, quieren estar a cargo, y son organizadores geniales que terminan lo que comienzan. Tener esta fuerza les ayudará a fijar metas, enfocarse, y lograr esas metas. El lado negativo es que las personalidades rojas se resisten a escuchar puntos de vista alternativos. Nuestras sugerencias generalmente son ignoradas.

Pero es este mismo ego lo que ayuda a las personalidades rojas a sacudirse el rechazo. Ellos piensan, "Está bien si no te agrado yo o lo que ofrezco. No soy responsable de que tengas mal gusto."

Por favor nota que la Tierra no gira alrededor del Sol. La Tierra gira alrededor de las personalidades rojas. 110% de todo lo que decimos debe de ser sobre "qué ganan ellos."

Las personalidades rojas asumen que son el "alpha" de cualquier grupo. Gracias a esto, no toman la crítica bien y se ofenden con creencias conflictivas.

Las personalidades amarillas y azules piensan primero en la relación, y luego en el trabajo. Las personalidades rojas son lo contrario. Ellos piensan en lograr la tarea primero, y en la relación después. Para otros, las personalidades rojas lucen frías y sin empatía, por su enfoque en completar la tarea de la manera más eficiente posible.

¿Algunos ejemplos de las personalidades rojas? Políticos exitosos, abogados penalistas, atletas que festejan como un circo, y cualquiera en redes sociales que ame presumir. Sí, son fáciles de identificar.

Las palabras.

Las palabras nos ayudarán a reconocer a las personas con tratos de carácter propios de las personalidades rojas. Escucharemos estas palabras, veremos estas palabras en mensajes, y notaremos estas palabras en sus publicaciones de redes sociales.

Aquí hay algunas palabras comúnmente usadas por las personalidades rojas.

- Dominar.
- Poder.
- Autoridad.
- Liderazgo.

- Ganar.
- Competencia.
- Reto.
- Logro.
- Realización.
- Éxito.
- Desempeño.
- Primera clase.
- Jefe.
- Influencia.
- Control.
- Metas.
- Gran.
- Orden.
- Mando.
- Administrar.
- Rápido.
- Reconocimiento.
- Enfoque.
- Construir.

Cuando escuchamos palabras como estas, esto nos dice que podemos estar hablando con una personalidad roja.

¿Cuáles son las prioridades de las personalidades rojas?

Tareas primero, personas y relaciones después.

Las personalidades rojas hacen el trabajo. Si tenemos un proyecto que necesita ser completado, ellos fijarán las metas, el enfoque, el plan, y la ejecución.

"¿Qué gano yo?" es su lema, así que ya sabemos en qué enfocarnos.

¿Conversaciones? No te preocupes si nos interrumpen. Las personalidades rojas ya saben la respuesta y no pueden perder tiempo con nuestro balbuceo.

La palabra más importante es la palabra "tú." Debemos enfocarnos en ellos y limitar el uso de la palabra "yo." Puesto que no aplica para ellos.

Las personalidades rojas parecen motivadas por el dinero por que es una manera de mantener un marcador. Seguro, construirán relaciones, si es rápido y los beneficia a ellos. Pero, ¿llevar un marcador? Eso es importante. Para las personalidades rojas, los resultados son lo más importante.

¿Quieres una conexión directa con las personalidades rojas? Habla con sus egos. Como todos, les encanta cuando hablamos sobre ellos. Y si les decimos lo geniales que son, no estarán en desacuerdo.

¿Empatía?

No esperes que las personalidades rojas tengan empatía. ¿Recuerdas sus prioridades? Las tareas y los proyectos primero. No se preocupan sobre qué tan difícil fue venir a visitarlos, o qué tan mal estuvo el tráfico para nosotros. Pero las buenas noticias son que no esperan empatía de nuestra parte tampoco. Ellos sólo quieren hablar del trabajo en cuestión.

No tenemos que preocuparnos sobre largas pláticas sobre nuestra vida personal, hablar sobre sucesos actuales, y construir una relación para sentirnos bien.

Las personalidades rojas están pensando, "Sólo ve al punto. Ya." Si retrasamos la razón de nuestra conversación, creamos tensión e impaciencia.

Ejemplos de lenguaje de las personalidades rojas.

Las personalidades rojas también nos prejuzgan, y pueden ser muy rudas. Entre menos como ellos somos, peores serán sus prejuicios. Queremos hablarles rápida y directamente. Se sienten cómodos con ese enfoque.

Si hablamos en el lenguaje rojo, le facilitamos a las personalidades rojas comprender nuestras intenciones. Estos ejemplos nos ayudan a enfocarnos en su deseo por resultados.

- "Aquí está cómo haremos esto."
- "¿En resumen? Así funciona."
- "Si Barry lo puede hacer, tú lo harás el doble de rápido."
- "Estarás en el tope en tiempo récord."
- "Esto es en lo que eres mejor. Empecemos."
- "Serás #1."
- "Este plan es para trabajadores, no para observadores."

No tenemos que acojinar nuestras palabras. Vayamos al punto. Las personalidades rojas no quieren sentarse a escucharnos. Quieren tomar acción.

Enfoque.

Primero, los datos. Las personalidades rojas quieren saber el resultado. No hay tiempo para la historia previa. Si queremos describirle las investigaciones a las personalidades rojas… ¡no!

Ellos sólo quieren saber el resultado. ¿Si queremos describir un problema? No. Sólo quieren saber si vamos a tomar acción y resolverlo.

Para hacer que las personalidades rojas nos escuchen, aquí hay algunos tips.

¿Cuáles son los datos y cómo los datos se aplican a ellos?

¿Cuánto dinero está involucrado? ¿Pueden ganar mucho?

¿Cómo pueden ganar este dinero?

¿Cuál es el primer paso que pueden tomar ya?

¿Qué hace falta para llegar hasta arriba?

¿Quién es la competencia?

Oh sí, y… ¿qué estamos vendiendo, de nuevo?

Muy directo. No hay necesidad de agregar relleno adicional e información que no importa. Vamos directo al punto y mantengamos el enfoque en ellos.

Frases para presentar.

Como muchas personas, las personalidades rojas piensan en sí mismos. Tenemos que interrumpir su pensamiento para obtener su atención.

Aquí hay algunas frases de apertura para obtener su atención.

- "¿Interesado en ganar más que tu jefe?"
- "¿Quieres que te paguen por cuánto realmente haces?"

- "¿Te están pagando lo que vales?"
- "¿Interesado en ganar más dinero que tus amigos? Entonces, este es tu plan."
- "¿Quieres obtener el reconocimiento que mereces?"
- "¿Quieres estar a cargo?"
- "¿Buscas ganar?"

Ahora que tenemos su atención, debemos actuar rápido.

Aquí hay algunos ejemplos de estas frases en acción.

"¿Interesado en ganar más que tu jefe? Aquí está en resumen. Nuestro ingreso no cambiará a menos que hagamos algo diferente. Vamos a comenzar el negocio ahora."

"¿Quieres que te paguen por cuánto realmente haces? Ahora, te pagarán lo que vales, no lo que alguien más piensa que vales. Mira qué tan grande será tu cheque cuando te recompensen justamente."

"¿Te están pagando lo que vales? Por supuesto que no. Tú mereces más. Aquí está cómo puedes conseguirlo."

"¿Interesado en ganar más dinero que tus amigos? Entonces, este es tu plan. Puedes escribir tus propios cheques."

"¿Quieres obtener el reconocimiento que mereces? Puedes ser #1 y la superestrella que todos admiran. Tú naciste para ganar, así que esto se siente natural para ti."

"¿Quieres estar a cargo? Ahora puedes ser tu propio jefe. Tú marcas el paso. Tú estás al mando. Y tú determinas que tan grande es tu cheque."

"¿Buscas ganar? Ahora puedes controlar tus resultados. Te encantará esto."

Frases para vender.

Si estamos vendiendo productos o servicios a una personalidad roja, aquí hay algunas frases que podemos usar.

- "Es un producto de lujo."
- "Cualquiera que sea alguien quiere esto."
- "Nadie quiere ir en segunda clase."
- "Las personas esperan que tengas lo mejor."
- "Tú mereces lo mejor."
- "Tú eres listo. Tú ves el valor."

¿Hablar con las personalidades rojas? ¿Enseñarles a venderle a otros? Aquí hay estas frases de ejemplo en acción.

"Es un producto de lujo. Nadie quiere representar basura barata."

"Cualquiera que sea alguien quiere esto. Sabrás exactamente con quién hablar."

"Nadie quiere ir en segunda clase. Dales la opción de primera clase."

"Las personas esperan que tengas lo mejor. Esto les mostrará por qué eres #1."

"Tú mereces lo mejor. Las personas te respetan."

"Tú eres listo. Tú ves el valor. ¡No tengo que explicar nada más!"

Frases para evitar.

¿Cómo ven el mundo las personalidades rojas? Ellos ven tareas y proyectos por lograr. Metas por alcanzar. Llevan el marcador de qué tan bien lo están haciendo, y qué tan rápido logran sus tareas.

Queremos hablar con ellos de manera que esté en línea con su visión del mundo. Habrá una desconexión con las personalidades rojas si decimos frases como estas:

- "Todo se trata de cuidar y compartir."
- "Tienes que conectar personalmente con la persona primero."
- "Se trata de ayudar a otros, no a ti."
- "Necesitas ser muy bueno escuchando."
- "Queremos relacionarnos con nuestros prospectos."

¿Qué tal algunos ejemplos ligeramente exagerados?

"Todo se trata de cuidar y compartir. Juntos formaremos una gran familia mundial repartiendo felicidad."

"Tienes que conectar personalmente con la persona primero, así que guarda tiempo para pláticas entre amistades."

"Se trata de ayudar a otros no a ti. Así que vamos a tener una sesión de abrazos primero antes de que meditemos sobre cómo esto afecta a otros."

"Necesitas ser muy bueno escuchando. Aparta algo de tiempo para sentarte y escuchar primero a las personas. Cuando terminen de hablar, luego puedes compartir tu mensaje."

"Queremos relacionarnos con nuestros prospectos. Necesitan sentir nuestras vibraciones positivas y conexión con el universo. Una vez que sientan el poder de nuestra aura, podrán levitar tranquilamente hasta el horizonte de la consciencia." (Bueno, bastante más allá de la exageración. Las personalidades rojas quieren acción y resultados. Para ellos, apartar valioso tiempo de negocio para construir relaciones personales es una mala administración del tiempo.)

Frases para motivación.

La naturaleza de una personalidad roja es ser competitiva. Si hay un concurso, quieren ganarlo. Si hay un reconocimiento, ellos lo quieren. Si hay un trofeo, ellos necesitan su nombre sobre ese trofeo. El reconocimiento es una alta prioridad para las personalidades rojas.

Las personalidades rojas rara vez necesitan motivación extra. Sus metas personales los hacen estar auto-motivados. Pero si queremos agregar algo de combustible al fuego, aquí hay algunas frases que podemos usar.

- "Tú eres un líder real, serás el primero en conseguir tu boleto para el evento."
- "Sé que ya estás 'en eso.'"
- "Si él puede hacerlo, estoy seguro de que tú puedes hacer que suceda."
- "Nadie quiere llegar en segundo lugar."
- "Tú eres el ganador. Ve por él."
- "Tú eres listo, yo sé que estarás ahí arriba."
- "Todos los demás líderes estarán ahí."
- "No quiero que nadie más te rebase."

Ahora para algunas frases de muestra.

"Tú eres un líder real, serás el primero en conseguir tu boleto para el evento por que tu equipo espera verte en primera fila."

"Sé que ya estás 'en eso.' Tú y yo no tenemos tiempo para charlas ahora."

"Si él puede hacerlo, estoy seguro de que tú puedes hacer que suceda. Estoy seguro de que tú lo harás en la mitad del tiempo."

"Nadie quiere llegar en segundo lugar. ¿Para qué competir si no queremos ganar?"

"Tú eres el ganador. Ve por él. Podrías poner el récord del líder más rápido en llegar a esa posición."

"Tú eres listo, yo sé que estarás ahí arriba. Esta es una oportunidad genial para construir más rápidamente."

"Todos los demás líderes estarán ahí. Querrás saber cómo les está yendo a ellos."

"No quiero que nadie más te rebase. ¡Manos a la obra!"

La mayoría de las personalidades rojas son tan competitivas que no pueden jugar nada sin llevar un marcador. Todo se vuelve un concurso. Si queremos que nuestras personalidades rojas lleven más personas a las presentaciones de negocio, todo lo que deberíamos hacer es decir: "La semana pasada, Mary trajo tres invitados a la reunión. No estoy seguro de que puedas traer a tantos como ella." Eso es un "grito de guerra" para las personalidades rojas. No se pueden resistir. Tienen que aceptar el reto.

Una vez que comprendemos su naturaleza competitiva, es fácil motivar consistentemente a las personalidades rojas. Imagina que estamos sentados en la convención anual con nuestro distribuidor de personalidad roja. Todo lo que tendríamos que decir es, "Yo sé que quieres estar sobre el escenario el próximo año recibiendo tu reconocimiento. No quieres estar sentado entre el público, aplaudiendo mientras miras a tus amigos recibir sus premios frente a toda la compañía." Nuestro distribuidor de personalidad roja no puede esperar a que termine la convención para salir y comenzar a trabajar más rápido.

Frases para cerrar.

Las personalidades rojas son cerradores. Quieren decisiones ya. No tienen paciencia para personas que holgazanean y quieren pensarlo más tiempo.

Su enfoque es en la venta. Necesitan saber si el prospecto quiere continuar ahora, o no. No toman el rechazo personalmente, debido a que sólo se trata de la tarea a la mano. Sus frases de cierre son directas y al punto. Así que, esperan que nuestras frases de cierre con ellos sean igualmente directas.

Aquí hay algunas frases.

- "Fácilmente puedes destrozar esto."
- "¿Puedes ver cómo con esto puedes renunciar a tu trabajo?"
- "¿Lista para comenzar a planear cómo vas a personalizar tu coche nuevo?"
- "Ya sabes a quién vas a ingresar al negocio."
- "Aquí está tu oportunidad para liderar."

- "Tú eres listo, no tengo por qué convencerte de que funciona."
- "Honestamente, tienes más talento que los que están en la cima."
- "Estoy seguro de que estás listo y no quieres bajar las manos."
- "¿A quién invitamos primero para que ingrese a tu organización?"
- "Vamos a hacer que tu negocio sea redituable de inmediato."

Ahora para los ejemplos.

"Fácilmente puedes destrozar esto. Esto es fácil para los líderes."

"¿Puedes ver cómo con esto puedes renunciar a tu trabajo? Vamos a seguir un plan de acción muy claro para que rápidamente estés ganando lo mismo."

"¿Lista para comenzar a planear cómo vas a personalizar tu coche nuevo? Calificarás en el nivel más alto y la compañía te pagará un coche de lujo."

"Ya sabes a quién vas a ingresar al negocio. Vamos a hacer que comiencen de inmediato. Luego buscaremos más constructores."

"Aquí está tu oportunidad para liderar. Las personas te respetarán cuando comiences a subir en las posiciones."

"Tú eres listo, no tengo por qué convencerte de que funciona. Puedes darte cuenta de que deberíamos de estar haciendo esto."

"Honestamente, tienes más talento que los que están en la cima. Esta es la oportunidad para usar ese talento y dejar que todos vean el resultado."

"Estoy seguro de que estás listo y no quieres bajar las manos. La vida no se ha acabado, ¡vamos a actuar ya!"

"¿A quién invitamos primero para que ingrese a tu organización? Vamos primero por las mejores personas que conoces."

"Vamos a hacer que tu negocio sea redituable de inmediato. En resumen, aquí se trata de ganar dinero."

No temas ser directo. No lastimarás los sentimientos de las personalidades rojas. De hecho, ellos disfrutarán más una frase simple como cierre. Podríamos decir, "Parece que disfrutaste lo que te mostré. Será bueno para ti. ¿Por que no hacer la prueba?"

O, podríamos decir, "No tienes más preguntas. Tienes todos los datos. Esto resuelve tu problema. Así que comencemos de una vez."

Para el resto de los colores de la personalidad, esto puede parecer demasiado frío y directo. Pero recuerda, las personalidades rojas están enfocadas en la tarea, y quieren tomar una decisión.

Frases para aumentar la venta.

Cuando las personalidades rojas toman la decisión de unirse, querrán entrar en acción inmediatamente. Si nuestro negocio ofrece opciones en el paquete de inicio, aquí está cómo los presentamos para las personalidades rojas.

Este es nuestro momento para ser muy directos con ellos. Indica las opciones. Luego, recomienda las opciones grandes. Las personalidades rojas no piensan en pequeño, y no quieren comenzar en pequeño. No tenemos que ser tímidos.

Aquí hay algunas frases de ejemplo que las personalidades rojas apreciarán.

- "Este paquete es bueno si quieres ganar 'algo' de dinero."
- "Este paquete es bueno si quieres ganar mucho dinero."
- "Harás más dinero con el paquete grande."
- "¿Cuántas personas quieres en tu equipo?"
- "Nadie quiere un negocio mini."
- "Este es para los que van por todo."
- "Los líderes entran en este paquete."
- "Entre más grande el paquete, más ganancias."

Vamos a poner estas frases a trabajar.

"Este paquete es bueno si quieres ganar 'algo' de dinero. Pero, yo sé que no ingresaste para construir un negocio pequeño."

"Este paquete es bueno si quieres ganar mucho dinero. Comencemos con este y construyamos el cheque más grande que podamos crear."

"Harás más dinero con el paquete grande. Las ganancias son mejores, y podemos hacer que las personas comiencen más rápido."

"¿Cuántas personas quieres en tu equipo? Vamos a pedir suficiente producto para comenzar con tus líderes potenciales, para que nos ayuden a construir."

"Nadie quiere un negocio mini. Vamos a invitar a tantas personas como podamos a nuestra reunión de lanzamiento."

"Este es para los que van por todo. Los demás paquetes son para quienes lo hacen de hobby."

"Los líderes entran en este paquete. Los seguidores piden los otros."

"Entre más grande el paquete, más ganancias. Ya sé cuál paquete prefieres."

¡Retos!

Las personalidades rojas aman los retos. Aquí está lo que piensan:

"¿Quieres romper el récord?" Sí.

"¿Piensas que puedes hacerlo?" Sí.

"¿Te puedes ver en la cima?" Sí.

"¿Piensas que puedes llegar al tope en seis meses?" Sí.

La emoción del logro lo es todo para las personalidades rojas. Vamos a darles el placer y la satisfacción de lograr algo grande.

Ser débil es malo.

Cuando lucimos débiles, las personalidades rojas no respetarán nuestro mensaje. ¿La solución? Necesitamos aumentar nuestra auto-confianza. Mientras puede tomarnos meses o años de desarrollo personal hacerlo, hay un atajo. Simplemente hablamos con confianza. Esto requiere cambiar unas pocas palabras de nuestro vocabulario actual.

Aquí hay algunas palabras débiles:

Pudiera.

Intentar.

Quizá.

Probablemente.

En lugar de usar estas palabras, ¿por qué no reemplazarlas por palabras que se sientan más fuertes y confiadas?

Aquí tienes algunos ejemplos.

Antes: "Esto podría hacer que nuestros prospectos se emocionen."

Después: "Esto hará que nuestros prospectos se emocionen."

Antes: "Intentémoslo."

Después: "Hagamoslo."

Antes: "Esto pudiera funcionar."

Después: "Esto funcionará."

Antes: "Quizá lleguemos al nivel 4 al terminar el mes."

Después: "Destrozaremos el nivel 4 antes de que termine el mes."

Las personalidades rojas no quieren escuchar palabras como "quizá" o "posiblemente." Ellos no toman acciones tímidas. Si hablamos con autoridad, ellos escucharán.

No queremos ser arrogantes o lucir agresivos. Sin embargo, sí queremos mostrar la convicción que tenemos detrás de lo que decimos. Las personalidades rojas respetan a alguien con creencias firmes.

Si queremos agregar un poco de lenguaje corporal, aquí hay algunas cosas rápidas que podemos hacer.

Siéntate derecho. Mantén tu frente en alto. Y evita mostrar los nervios al mover ansiosamente las manos. Si esto es un problema, asegúrate de que tienes un material de apoyo que puedas sujetar para que luzca natural. Y no estorba sacar los hombros hacia atrás. Este lenguaje corporal nos hará lucir más confiados y nos proporcionará más influencia.

¿Necesitas más confianza? Entonces, debemos practicar lo que decimos. ¿Por qué? Para que lo que digamos suene confiado y sin rellenos en la conver-sación. ¿Qué son los rellenos de conversación? Son pequeñas palabras o frases que decimos para llenar los espacios dentro de nuestra conversa-ción. ¿Quieres ejemplos?

"Quiero decir…"

"Bueno, eh, eh…"

"¿Ya sabes?"

"Como, mmm…"

"Este…"

Si practicamos lo que decimos, no necesitaremos estos rellenos en nuestras conversaciones. Nuestra audiencia siente que tenemos convicción.

La confianza es contagiosa. La gente quiere seguir a personas que saben a dónde se dirigen, y tienen la confianza de llegar ahí.

La velocidad importa.

Piensa en esto. ¿A las personalidades rojas les gusta hablar, o escuchar? Esta es una pregunta fácil. Por supuesto, a las personalidades rojas les encanta ser los que hablen. Ellos tienen todas las mejores ideas, están en lo correcto todo el tiempo, y necesitan decirlo todo el tiempo. Quieren decirnos cómo manejar nuestras vidas, qué comprar, qué hacer.

Así que cuando hablamos con personalidades rojas, queremos ser eficientes. No tendremos mucho tiempo, así que queremos introducir rápido nuestras mejores ideas. Las personalidades rojas son muy directas. Quieren la historia corta sin muchas descripciones ni fanfarria. Sólo ve al punto.

¿Entonces cuál debería de ser nuestra velocidad cuando hablamos con las personalidades rojas? Obviamente muy rápido. Ellos quieren que terminemos con nuestra parte de la conversación rápidamente, para que puedan continuar hablando.

¿Recuerdas el juego que jugamos con las personalidades azules? El juego donde hablamos muy lentamente hasta que las personalidades azules no pudieron resistirlo ni un segundo más? Si jugamos el mismo juego con las personalidades rojas, obtenemos el mismo resultado. Ellos no necesitan pensar en lo que decimos. Ellos tienen una respuesta lista para nosotros antes de que terminemos nuestra última palabra.

Para hacer que nuestra comunicación con las personalidades rojas funcione, nosotros somos quien tiene que ajustarse. Queremos hablar rápido, pero asegurarnos de que tenemos información pertinente y directa. Para hacer esto, debemos prepararnos un poco antes. Pensemos en nuestros puntos más interesantes, y luego tratemos de decirlos todos en las primeras frases.

Estresar a las personalidades rojas con palabras deliberadamente lentas no es un buen plan. Nuestra mejor comunicación con ellos vendrá cuando nosotros nos ajustemos a su velocidad.

¿Las personalidades rojas tienen objeciones?

Sí, estas objeciones serán directas y poderosas. Será difícil cambiar la opinión de las personalidades rojas, así que debemos de hacer que el nuevo punto de vista sea su idea. Podemos responder sus objeciones comenzando con esta frase clave:

"Estoy de acuerdo."

Las personas se sienten mejor cuando estamos de acuerdo con ellos. No queremos discutir con las personalidades rojas. Aquí hay algunos ejemplos de usar "Estoy de acuerdo" para responder objeciones.

Objeción: "No tengo tiempo de llamar a las personas que no pueden decidir."

Nuestra respuesta: "Estoy de acuerdo. No tienes tiempo para la gente que no toma una decisión rápida. Veo por qué no hiciste seguimiento con ellos. Podemos asignar esa tarea a alguien de tu equipo."

Objeción: "Puedo ganar más dinero ahora comprando y vendiendo propiedades. ¿Por qué tendría que hacer esto?"

Nuestra respuesta: "Estoy de acuerdo. No puedes ganar mucho dinero al comienzo como puedes al hacerlo al comprar propiedades. Pero esto te da el flujo de efectivo que necesitas para vivir entre cada proyecto."

Objeción: "No quiero gastar esa cantidad de dinero por un kit de inicio y ese inventario."

Nuestra respuesta: "Estoy de acuerdo, tú quieres ganar dinero, no gastar dinero. ¿Te gustaría saber cómo lograr una gran ganancia con este paquete de inmediato?"

Comienza con la frase "estoy de acuerdo." Debemos de hacer que nos escuchen. Las personalidades rojas dejan de escuchar y discutir con nosotros si no respetamos sus objeciones.

Qué no hacer. Algunos no-no's.

No ofrezcas consejos sin que te lo pidan. Nunca.

Incluso si las personalidades rojas piden un consejo, ten cuidado, es una trampa. Ellos solo quieren confirmación para lo que harán de todas maneras. Las personalidades rojas lo saben todo, así que nuestros deplorables e incorrectos consejos no son bienvenidos.

¿Las personalidades rojas lo saben todo? De acuerdo con ellos, sí. Probablemente tienen colgado un letrero sobre su escritorio con la cita de Isaac Asimov:

"Las personas que piensan que lo saben todo son una gran molestia para nosotros los que sí."

Está bien. Un poco crudo. Pero es esta actitud lo que le da a las personalidades rojas la confianza de salir adelante y tomar control de la situación. Cuando usamos las probabilidades a su favor en nuestra presentación, su respuesta es rápida y decisiva. Están listos para tomar acción inmediata.

¿Quieres hacer la llamada a la acción más clara para las personalidades rojas? Entonces incluye la "última jugada" o meta. Una vez que conocen la meta final, ellos inmediatamente comienzan la planificación de los pasos para alcanzarla.

¿Quieres que estén de acuerdo contigo y entren en acción? Entonces, es una buena idea hacer que todo luzca como su idea. A las personalidades rojas les gusta tener el control de sus circunstancias y entorno. Quieren destacar y no ser un miembro sin rostro entre la multitud.

¿Qué tal si no somos tan motivados o disciplinados como nuestros prospectos de personalidad roja?

Lo notarán. Y su respeto por nuestras sugerencias o propuestas será bajo. Cuando menos, deberíamos de tener la suficiente disciplina para preparar una presentación organizada. Charlas banales, conversaciones frívolas, y un enfoque errante significarán que estamos hablando, pero nuestra audiencia se ha ido a casa.

¿Quieres una comprensión más profunda de por qué las personalidades rojas hacen las cosas que hacen?

Para comprender mejor a las personalidades rojas, piensa en cómo priorizan sus valores.

De los 14 valores, muchas personalidades rojas tendrían preferencias similares a éstas.

Valores más prominentes:

Deseo de lucir bien.

Poder.

Deseo de riqueza.

Satisfacción profesional.

Aspiraciones de fama.

Logro.

Adicción a la aventura.

Valores menos prominentes:

Popularidad.

Deseo de pasar un buen rato.

Seguridad financiera.

Deseo de sentirse necesitados.

Relación amorosa en pareja.

Familia.

Iluminación personal.

Así que, cuando estemos hablando acerca de hacernos ricos o ser los número 1, las personalidades rojas prestan atención. Para ellos, tal vez no deberíamos llamar a esto valores, sino deberíamos llamarlos motivadores.

Es difícil que las personalidades rojas nos escuchen. Su paciencia dura sólo pocos segundos. Nuestra solución es asegurarnos de que nuestra conversación se enfoca en estos valores de las personalidades rojas.

CÓMO HABLAR CON LAS PERSONALIDADES VERDES.

Si no tenemos familiaridad con la personalidad verde, aquí hay un rápido vistazo.

Las personalidades verdes tienden a ser más callados, más reservados, y enfocados en los datos y la información. Cuando les hacemos una pregunta, ellos harán una pausa para considerar su respuesta. Ellos piensan en las posibles respuestas e información que necesitan para asegurarse de que su respuesta será precisa.

Piensa en las personalidades verdes como ingenieros, contadores, profesionales de procesamiento de datos, y el Sr. Spock de Star Trek, libres de emociones. Si, esto es una exageración. Sin embargo, nos obliga a enfocarnos en detalles e información. Ahora estamos conectando con las personalidades verdes. Estamos hablando su lenguaje.

Deberíamos hablar con las personalidades verdes sobre ser ahorradores, pagar la casa, y obtener un buen retorno sobre nuestra inversión.

¿Tiempo social? No es la actividad más cómoda para las personalidades verdes. Para algunas personalidades verdes extremas, su interacción social seguirá este patrón:

Una delgada sonrisa, y asentir con la cabeza para reconocer nuestra presencia.

Balbucear, "Hmmm."

Encogerse de hombros en los momentos apropiados.

Revisar su teléfono por posibles (pero poco probables) mensajes.

Dar nerviosos sorbos a su bebida.

Buscar una esquina para esconderse y navegar en internet.

En resumen: Podemos evitar la cháchara y las bromas. En lugar de eso, comunicamos datos e información.

Las palabras.

¿Cuáles son algunos ejemplos de las palabras que usan las personalidades verdes? Aquí hay algunas muy comunes.

- Instrucciones.
- Datos.
- Ciencia.
- Hechos
- información.
- Detalles.
- Resultado.
- Números.
- Investigación.
- Analizar.
- Pruebas.

- Indagar.
- Criterio.
- Razón.
- Porqué.
- Estudiar.
- Experimento.
- Pruebas.
- Precisión.

Cuando escuchamos estas palabras, sabemos que estamos hablando con una personalidad verde que insiste, "Dame los datos, sólo los datos, por favor." Esto suena aburrido para las demás personalidades.

Primero los datos. Después, más datos.

Las personalidades verdes no tienen tiempo de pensar en sentimientos y sutilezas sociales. Su completa atención está sobre los datos. Obtén la información correcta, y así será fácil para que tomen una decisión.

Romper el hielo, calentar la relación, crear afinidad, y otros iniciadores de conversación tendrán menores efectos con las personalidades verdes. Ellos ignoran la mayoría de estas actividades para poder enfocarse en los datos y la información.

Como las personalidades rojas, las personalidades verdes quieren que vayamos al punto.

Pero aquí hay un problema más grande que debemos atender primero. Aquí está.

Las personalidades verdes se preocupan.

Sufren del programa "grieta en la represa." Este es un ejemplo.

Imagina que somos una personalidad verde. Queremos comprar una casa. El agente de bienes raíces nos lleva a un hermoso vecindario, y nos muestra la casa perfecta. ¿Suficientes habitaciones? Sí. ¿Suficientes baños? Sí. Las escuelas cercanas son geniales? Sí. ¿Los vecinos? Las personas más amables que hayamos conocido.

Todo es perfecto excepto una pequeña cuestión. Cuando miramos a través de la ventana trasera, notamos una enorme represa. En una esquina de la represa hay pequeñas grietas. Preguntamos al agente, "¿Esa represa tiene capacidad para mucha agua?" El agente responde, "Sí. Tiene toda el agua para la ciudad."

Entonces le preguntamos al agente, "¿Ves esas grietas en la esquina de la represa?" Él responde, "Sí. Esas grietas han estado ahí por mucho tiempo. No te preocupes por ellas."

Después cuando vamos de regreso, pensamos sobre esta casa. ¿Qué es lo que estamos pensando? Sí, las grietas sobre la represa. Nos preocupa que si compramos esta casa, podríamos estar cometiendo un error enorme. Todo lo demás es perfecto. Pero a pesar de que el agente nos aseguró de que esas pequeñas grietas no eran nada inusual, continuamos preocupándonos por las pequeñas grietas en la represa.

¿Qué ocurre? Eventualmente buscaremos otra casa. Renunciamos a la casa de nuestros sueños y compramos una casa inferior, pero nos sentimos seguros de que no tomamos una mala decisión.

Y así es como piensan las personalidades verdes.

Le podemos mostrar a las personalidades verdes la oportunidad más increíble en el mundo. Pero una falla microscópica atraerá su atención y evitará que salgan adelante. Cuando prospectamos y hacemos presentaciones con personalidades verdes, debemos tener presente su miedo a tomar malas decisiones.

En lugar de pasar mucho tiempo hablando sobre los beneficios y características de nuestro programa, usaremos más tiempo y enfoque mostrando qué tan seguro será trabajar con nosotros.

El miedo a cometer errores domina el pensamiento de las personalidades verdes. Debemos de mostrarles que hemos pensado en los problemas potenciales, y que la decisión de unirse a nuestro equipo es segura.

Nos prepararemos para incluso la más minúscula objeción. Una respuesta insatisfactoria ante un pequeño problema bloqueará el movimiento de las personalidades verdes. Debemos de atender todos y cada uno de los problemas satisfactoriamente.

¿Cómo hacemos esto? Miramos nuestra oferta a través del punto de vista de un escéptico negativo. Piensa en todos los problemas o preguntas que tendrá un prospecto negativo. Luego, creamos respuestas lógicas para estas objeciones potenciales.

Ahora, nuestra presentación para las personalidades verdes mencionará preocupaciones potenciales y cómo nos hemos preparado para resolverlas. Las personalidades verdes sienten seguridad. Respetan que hablemos su idioma.

Las personalidades verdes tienen una mala reputación. Los presentadores dicen, "Se tardan toda su vida para tomar una decisión. Se esperan, investigan, y demoran sus decisiones para siempre." Bueno, eso es verdad cuando no damos una presentación completa que atienda todos los problemas y preocupaciones posibles.

Pero, ¡sorpresa! Cuando le mostramos a las personalidades verdes que hemos predicho sus preocupaciones potenciales, y que hemos resuelto esos problemas, tomarán una rápida decisión.

Las personalidades verdes no son indecisos. Ellos simplemente quieren asegurarse de que no cometen errores cuando avanzan. Son meticulosos en sus investigaciones, y se preocupan por potenciales problemas invisibles. Al anticipar sus objeciones, los impresionaremos con nuestra minuciosidad.

Demos un vistazo a algunos ejemplos breves.

Ejemplo #1. Imagina que vendemos cuidados para el cutis.

Para comenzar en nuestro negocio, un nuevo distribuidor compraría un paquete completo de demostración por $300. ¿Qué preocupaciones pensamos que tendrían las personalidades verdes sobre una compra como esta?

"¿Qué tal si nadie quiere comprar mis productos para el cuidado del cutis?"

"¿Qué pasa si comienzo este negocio y fracaso?"

"¿Qué tal si mis amigos dicen que cometí una mala decisión?"

Si esperamos que las personalidades verdes vocalicen estas preguntas, estaremos a la defensiva y luciremos poco preparados. Pero como profesionales, nos anticipamos a sus preguntas. Nuestra presentación contendrá estos problemas potenciales y objeciones primero. Ahora lucimos impresionantes.

Podríamos decir,

"Como nuevo distribuidor podrías comprar $400 en productos por sólo $300. Esa es una gran decisión de negocio que te ahorrará dinero. También puedes preocuparte de que nadie quiere comprar maquillaje ni productos para el cutis de nuestro negocio. O peor aún, ¿qué tal si este negocio no es para ti? O, ¿qué tal si tus amigos dicen que tomaste una mala decisión? No te preocupes. Tenemos tres redes de seguridad para protegernos de cualquier riesgo.

Primero, nuestra compañía tiene una garantía de devolución de tu dinero al 100%. Nunca estarás en riesgo de perder un solo centavo.

La segunda red de seguridad que tienes soy yo. Como tu patrocinador, soy responsable de asegurarme de que tienes un comienzo exitoso en tu negocio. Como ya sabes, tengo experiencia y hago esto diariamente. Haré equipo contigo. Te ayudaré a obtener clientes y vender productos hasta que estés en tu tercer período. Esto te garantiza tener un negocio sólido.

Y en tercer lugar, incluso si nadie compra un solo producto, podrías usar estos productos durante los próximos meses. Como mencionaste antes, te gustaron estos productos. De esta manera estás comprándolos con un genial descuento."

¿Cómo se sentirá nuestro prospecto de personalidad verde? Fantástico. Con sus temas de seguridad eliminados, es fácil para ellos tomar una lógica decisión de unirse. Ahorran dinero en sus productos para el cuidado del cutis. No tienen nada de riesgo.

Ejemplo #2. Motiva a las personalidades verdes a asistir a una convención.

¿Qué preocupaciones podrían tener?

Precios de vuelos y tarifas de hotel.

Perder un día en el trabajo o pedir un día de vacaciones.

Sentirse incómodos con todo el sensacionalismo en la convención.

Como profesionales, nos anticipamos a todas estas preocupaciones y tenemos esta conversación con nuestras personalidades verdes.

"Asistir a nuestra convención anual es una pequeña jugada de negocio. Primero, todo el viaje es deducible de impuestos. Queremos sacar ventaja de nuestros beneficios fiscales. En la convención, podremos asociarnos con otros distribuidores que piensan como nosotros. Conversaremos e intercambiaremos ideas sobre nuestro tema favorito, el negocio. Una buena idea que escuchemos pagará por nuestro viaje completo. Tercero, al tomar el viernes libre y no ir a la oficina, tendremos un fin de semana de tres días. No puedo esperar a platicar con el resto de distribuidores serios."

Al atender primero las preocupaciones de las personalidades verdes, no les permitimos buscar razones para no ir. En lugar de eso, convertimos sus objeciones potenciales en razones para ir a nuestra convención.

Ejemplo #3. El cliente reacio.

Imagina que vendemos servicios básicos. Nuestro cliente de personalidad verde tiene miedo del cambio. El cambio trae lo desconocido al futuro inmediato. Eso significa riesgo. Y el riesgo significa que hay potencial para tomar una mala decisión.

¡Malas decisiones! ¡Rayos! Por eso investigan tanto las personalidades verdes. Quieren evitar malas decisiones.

¿Cuál es la reacción inicial de las personalidades verdes? Evitar los cambios. Seguir con el curso actual. El presente es un estado conocido que es seguro.

Aquí es donde podemos tomar una mala decisión. Si decidimos motivar a nuestras personalidades verdes al darles los beneficios del cambio, se resistirán. Su problema no es contra la falta de beneficios. Su miedo es que al cambiar, estarán cometiendo un error.

¿La solución? Concéntrate en la seguridad de hacer un cambio. Esta es la gran decisión para nuestros amigos de personalidad verde.

Aquí está un ejemplo de "perder el punto" y hablar sobre beneficios con las personalidades verdes.

"Cuando cambias a nuestro proveedor de electricidad, buscamos las tarifas más bajas en el mercado. Nuestros compradores de electricidad especializados constantemente buscan los mejores precios para tu casa. Esto nos permite tener una factura promedio que es 2.5% más baja que nuestros competidores. Así que, ¿quieres cambiarte con nosotros?"

¿Podría haber algunos miedos y objeciones sin mencionar por parte de nuestras personalidades verdes? Por supuesto. ¿Qué tipo de miedos los detendrían de tomar una decisión?

¿Qué tal si el nuevo proveedor de electricidad cierra? ¿Cancelarían mi cuenta?

¿Qué tal si el servicio no está a la altura?

¿Qué tal si las letras chiquitas en este contrato les permite cobrarme más?

¿Quién hará la reconexión de mi electricidad si hay una tormenta?

Veamos qué podríamos decir con una personalidad verde para aliviar sus miedos. Esto sería una mejor conversación.

"Todos reciben la misma electricidad en nuestra red nacional. Nada cambiará. Misma electricidad. Mismo servicio. Mismos técnicos. Lo único que cambiará es que recibirás una factura más barata. No necesitas seguir pagando de más por tu servicio actual. Vamos a solucionar eso por ti." Ahora hemos eliminado su miedo al cambio.

Afirmaciones de "si/entonces."

Las afirmaciones de "si/entonces" funcionan genial con las personalidades verdes. Esta es una manera cómoda para que las personalidades verdes asimilen nuevas ideas e información. Usa estas frases para atravesar el escepticismo natural de nuestros prospectos de personalidad verde. ¿Algunos ejemplos?

"Si compras el paquete premium, entonces recibes el mejor descuento."

"Si invitas 20 amigos al lanzamiento de tu negocio, puedes esperar que 5 amigos vengan. No es realista creer que todos tendrán libre el mismo día y la misma hora en su calendario."

"Si usas esta crema por 21 días, entonces verás una diferencia masiva en tu cutis."

"Si asistes al entrenamiento de inicio rápido de este fin de semana, entonces podrás tener mejores habilidades para invitaciones y presentaciones."

"Si no notas una diferencia en 30 días, entonces llámame y solicitaré tu reembolso instantáneamente."

"Si le presentas nuestro negocio a tus amigos como una nueva opción, entonces no tendrás que preocuparte por rechazos."

"Si te gusta ahorrar dinero en tus impuestos, entonces te va a encantar tener tu propio negocio, nuestro gobierno le da beneficios fiscales a los dueños de negocio por que eso ayuda a la economía."

"Si te tardas en comenzar tu negocio, entonces te quedarás fuera de la oferta especial de este mes."

"Si comienzas tu negocio hoy, entonces podemos comenzar la cuenta regresiva para despedir a tu jefe."

Las afirmaciones de "si/entonces" le facilitan a las personalidades verdes tomar acción. Saben qué ocurrirá después, y eso se siente genial.

No hables sobre beneficios.

Las personalidades verdes se enfocan más en la seguridad de la oferta, y menos en la emoción de la oferta. Demasiada emoción o sensacionalismo ahuyenta a las personalidades verdes. Activa su programa "demasiado bueno para ser verdad." Esto crea escepticismo. Y eso significa que no hay decisión.

Cuando las personalidades verdes escuchan algo grandioso, su primera reacción es, "¿Dónde está el truco?" Esta es una respuesta automática.

Los datos nos ayudan a reducir el sensacionalismo.

¿Pero qué es incluso más importante que los datos? La "aparición" de datos verídicos.

Incluso cuando lo que decimos puede ser verificado y demostrado, si parece "demasiado bueno para ser verdad," las personalidades verdes se resistirán. Es mejor contener nuestra emoción o inclusive señalar ligeras fallas en nuestro ofrecimiento. Aquí hay un ejemplo de cómo hacer que las personalidades verdes crean en nuestra oferta.

"Nuestros testimonios celebran el aumento de energía con nuestras vitaminas. Sin embargo, sabemos que nada funciona el 100% de las veces con el 100% de las personas. Así que es posible que alguien pueda no sentir una tremenda descarga de energía que los demás reportan. Para estas pocas personas, tenemos nuestra garantía de reembolso instantáneo. Sólo queremos clientes súper-satisfechos para nuestro negocio."

Para las personalidades verdes, es más importante eliminar el riesgo que hablar de beneficios.

Deberíamos enfocar nuestra presentación en la seguridad de la decisión. Para nuestras personalidades verdes, "sin riesgo" significa una decisión inteligente.

¿Las personalidades verdes quieren saber cómo nos sentimos?

Realmente no. Las personalidades amarillas quieren saber cómo nos sentimos; ahora, no estamos diciendo que las personalidades verdes no tienen emociones o son insensibles. Sin embargo, cuando hablamos con personalidades verdes, sus cerebros están ocupados procesando los datos. Recuerda, quieren enfocarse en la tarea a mano y asegurarse de que la solución es correcta.

Así que podríamos decir esto a la personalidad verde:

"Me lastimé un dedo ayer, así que fue difícil conducir hasta aquí. Mientras conducía, me di cuenta de que olvidé mi billetera. Afortunadamente no me detuvo la policía, por que no traía mi licencia. Bueno, el tráfico no fue tan malo. Ahora, déjame mostrarte este negocio que te mencioné por teléfono. Nuestra compañía comenzó en 1999. Ese fue el mismo año en que nació mi hija. No parece tanto tiempo."

Aquí está lo que la personalidad verde escuchó:

"Nuestra compañía comenzó en 1999."

Mientras estamos con la cháchara tratando de construir afinidad, el cerebro verde está en espera de los datos para procesar. Debemos de recordar que las personalidades verdes se enfocarán en la información.

Las buenas noticias son que todos los mini-traumas en la vida son ignorados por completo por las personalidades verdes. Ellos ven nuestra oportunidad y productos basados en sus méritos propios.

Ejemplos de lenguaje de personalidades verdes.

Si hablamos en el lenguaje "verde," le facilitamos a las personalidades verdes comprender nuestro mensaje.

Estos ejemplos nos ayudan a enfocarnos en entregar información y datos.

- "Simplemente tiene sentido."
- "Vamos a resolver esto."
- "Aquí hay pruebas."
- "Los resultados de las pruebas demuestran…"
- "Los números no mienten."

Oh, estas frases son música para los oídos de las personalidades verdes. Vamos a usar estas frases en algunos ejemplos.

"Simplemente tiene sentido comprar al mayoreo. Podemos poner los ahorros directo en nuestro bolsillo."

"Vamos a resolver esto. Si podemos continuar a este paso, podremos reemplazar nuestro ingreso de tiempo completo en sólo cuatro meses más."

"Aquí hay pruebas. Estos cuatro ingenieros pusieron el producto bajo pruebas rigurosas y nos reportaron sus descubrimientos."

"Los resultados de las pruebas demuestran qué tan rápido funciona esto en la vida real. Nuestros clientes estarán contentos."

"Los números no mienten. Nunca seremos ricos trabajando en este empleo. Debemos hacer algo diferente."

Frases para presentar.

¿Qué clase de palabras y frases disfrutarán las personalidades verdes cuando miren nuestra oportunidad de negocio?

Aquí hay algunas pocas.

- "¿Quieres apalancar tus esfuerzos?"
- "¿Quieres aumentar tus deducciones fiscales?"
- "Esta es la forma más fácil de agregar un segundo ingreso."

- "Vamos a ver cómo podemos liberarnos de tus deudas para que puedas invertir más."
- "Fácilmente puedes ver cuánto podemos ganar en nuestro primer mes."

Ahora vamos a expandir estas frases.

"¿Quieres apalancar tus esfuerzos? Vamos por nuestras primeras dos personas inmediatamente. Así tendremos tres personas construyendo en el equipo."

"¿Quieres aumentar tus deducciones fiscales? Comencemos nuestro negocio inmediatamente para poder deducir desde hoy."

"Esta es la forma más fácil de agregar un segundo ingreso. Nada de esperar por entrevistas de trabajo. Y podemos ganar dinero inmediatamente."

"Vamos a ver cómo podemos liberarnos de tus deudas para que puedas invertir más. Este negocio te ayudará a liquidar esos compromisos más pronto."

"Fácilmente puedes ver cuánto podemos ganar en nuestro primer mes con nuestro plan de inicio rápido."

Frases para vender.

- "La investigación muestra cuánto vamos a beneficiarnos."
- "Ha sido puesto a prueba."
- "De hecho acabarás ahorrando dinero."
- "Aquí hay pruebas."
- "Han habido varios estudios sobre esto."

- "5 de cada 5 ____ recomienda esto."
- "Todo ____ profesional concuerda."
- "Hicieron todo lo posible por demostrar los beneficios."

Vamos a poner a trabajar estas frases.

"La investigación muestra cuánto vamos a beneficiarnos al reducir nuestra factura eléctrica tan sólo $25 cada mes."

"Ha sido puesto a prueba en más de 30 estudios. Los beneficios están bien documentados."

"De hecho acabarás ahorrando dinero al usar estos productos. Es como depositar dinero extra en el banco."

"Aquí hay pruebas. Es irrefutable."

"Han habido varios estudios sobre esto. Es buena información de soporte cuando hablamos con personas."

"5 de cada 5 asesores de inversión recomienda esto."

"Todo profesional en el ramo concuerda con nuestros resultados."

"Hicieron todo lo posible por demostrar los beneficios. Mira los resultados asombrosos que obtuvieron."

Frases para motivación.

Vaya. Esto va a estar complicado. ¿Por qué? Debido a que las personalidades verdes operan sobre lógica. La mayoría de las frases de venta o de motivación no tendrán el efecto que queremos. Pero, vamos a hacer lo mejor que podamos.

- "Ya sabes que tiene sentido."
- "Esto creará un incremento en tus resultados."
- "Aprenderás bastante en el evento."
- "Si comenzamos ahora, sólo debemos hacer esto cada día."
- "Vamos por nuestros primeros socios ya, para que puedan aprender mientras construimos."
- "Si patrocinas a tres personas, alcanzas este bono."
- "Te dirán exactamente qué hacer."
- "Esto es un poco de sobrecarga de información, pero estás preparado."
- "La inversión de ir al evento vale cada centavo."

Y ahora, aquí está cómo usaremos estas frases.

"Ya sabes que tiene sentido. Vamos a comenzar ya."

"Esto creará un incremento en tus resultados. Espera un incremento de 25% en la orden promedio."

"Aprenderás bastante en el evento. Trae una pluma extra y prepárate para tomar notas."

"Si comenzamos ahora, sólo debemos hacer esto cada día. Cada día de retraso hace más difícil nuestro trabajo."

"Vamos por nuestros primeros socios ya, para que puedan aprender mientras construimos. No queremos demoras en nuestro crecimiento."

"Si patrocinas a tres personas, alcanzas este bono. Vamos por esas personas ya, antes de que el tiempo se acabe."

"Te dirán exactamente qué hacer. Simplemente sigue los pasos."

"Esto es un poco de sobrecarga de información, pero estás preparado. Te gustará."

"La inversión de ir al evento vale cada centavo. Piensa cuánto podrías incrementar tu cheque con todas las cosas que aprenderás."

Date cuenta de que las personalidades verdes toman decisiones prudentes e informadas sobre el mejor modo de acción. Para ellos, es cuestión de eficacia y efectividad. No se trata de las emociones, el sensacionalismo ni el entusiasmo.

Frases para cerrar.

Hacer que las personalidades verdes entren en acción es duro. Ellos quieren revisar, volver a revisar, y luego analizar la información y los datos una vez más.

Presionarlos no funciona. Eso los estresa por que creen que están apresurando la decisión. En lugar de eso, usaremos su lenguaje combinado con datos y luego les pediremos que tomen su decisión. Aquí hay algunos ejemplos.

- "Comencemos con las deducciones de impuestos hoy."
- "Tiene sentido ingresar de inmediato."
- "Se hizo la investigación. Esto tiene sentido."
- "Vamos a comenzar nuestro negocio con una ventaja."
- "Obviamente quieres ahorrar dinero en tus impuestos."
- "No hay manera de fallar con los ahorros."
- "Es la decisión lógica, unirte y apalancar tu tiempo."

Aquí hay algunos ejemplos de cómo usar estar frases.

"Comencemos con las deducciones de impuestos hoy. Cada día que esperamos perdemos más y más deducciones valiosas."

"Tiene sentido ingresar de inmediato. Podríamos hacer que tu organización entre en 'momentum' antes de las vacaciones."

"Se hizo la investigación. Esto tiene sentido. Deberíamos estar felices de que nosotros no tenemos que hacer toda esa investigación por nuestra cuenta."

"Vamos a comenzar nuestro negocio con una ventaja. Vamos a pedir el paquete grande y usemos lo que ahorramos para publicidad."

"Obviamente quieres ahorrar dinero en tus impuestos. Esto tiene sentido."

"No hay manera de fallar con los ahorros. Sería malo no aprovecharlos."

"Es la decisión lógica, unirte y apalancar tu tiempo. Trabajar así es más eficiente."

¿Qué deberíamos hacer si nuestras personalidades verdes continúan retrasando su decisión? Debemos tener empatía. Hay obviamente algunas preguntas sin responder. Vamos a encontrar esas preguntas.

Les diremos, "¿Qué te gustaría saber ahora?"

Responderemos a la pregunta de la manera más efectiva posible. Luego inmediatamente preguntaremos otra vez, "¿Qué te gustaría saber ahora?"

Continuaremos con este proceso hasta que sientan que todas sus preguntas han sido respondidas. Ahora, las personalidades verdes se sienten más cómodas tomando su decisión final.

Frases para aumentar la venta.

Si nuestro negocio ofrece opciones en los paquetes de inicio, las personalidades verdes normalmente toman el paquete más grande. ¿Por qué? Debido a que tendrá el valor más alto y el mejor retorno de inversión. Todo lo que debemos de hacer es tomarnos el tiempo de explicar las diferentes opciones, y qué incluyen.

Nuestros prospectos de personalidad verde adorarán todos estos detalles. Luego los ayudamos a tomar la mejor decisión para su negocio. Aquí hay algunas frases de ejemplo que las personalidades verdes apreciarán.

- "Este paquete te da muy buen valor."
- "Este paquete te otorga el mayor apalancamiento por tu dinero."
- "Ahorrarás más con el paquete grande."
- "Este es el mejor valor por tu dinero."
- "Puedes tener ganancias más pronto con este paquete."
- "Para una deducción de impuestos mayor, este es el paquete que quieres."
- "El paquete más grande simplemente tiene sentido."

Vamos a poner a trabajar estas frases.

"Este paquete te da muy buen valor, pero no te da todo el valor."

"Este paquete te otorga el mayor apalancamiento por tu dinero, y recibes el mayor descuento posible."

"Ahorrarás más con el paquete grande. Así puedes usar lo que ahorras e invertirlo en más producto."

"Este es el mejor valor por tu dinero. Queremos asegurarnos de que nuestro dinero trabaja tanto como sea posible."

"Puedes tener ganancias más pronto con este paquete. Es un gran descuento de los precios regulares."

"Para una deducción de impuestos mayor, este es el paquete que quieres. Es un comienzo inteligente."

"El paquete más grande simplemente tiene sentido. Con este recibes todo el valor."

La velocidad importa.

¿A qué velocidad deberíamos de hablar con las personalidades verdes? Eso debería de ser obvio para estas alturas. Lenta y deliberadamente.

Las personalidades verdes son indirectas. Si les hacemos una pregunta, podemos esperar una pausa antes de su respuesta. ¿Por qué? Primero, por que están pensando, "¿Comprendo claramente la pregunta?" Las personalidades verdes valoran las conversaciones claras. Segundo, las personalidades verdes quieren pensar en su respuesta. Quieren asegurarse de que su respuesta es clara, y sobre todo, correcta. Esto puede tomar algo de tiempo.

Durante esta pausa, podríamos sentir la necesidad de apresurarnos y llenar este vacío con conversación. Mala idea.

Interrumpir el pensamiento de las personalidades verdes con nueva información es un mal plan. Démosles una oportunidad de considerar nuestra pregunta y formular una respuesta con la que estén cómodos.

Nuestra conversación con las personalidades verdes debe ser lenta y lógica. Apresurarnos y hablar demasiado rápido es contraproducente. Esto creará escepticismo y resistencia. Las personalidades verdes ya son escépticos. No queremos que eso aumente.

Las personalidades verdes viven para la información y los datos. Los adoran.

¿Por qué las personalidades verdes tienen tantas objeciones?

El miedo a lo desconocido. La grieta en la represa. Quieren saberlo todo antes de dar su paso adelante.

¿Cuáles son las palabras mágicas que le ayudarán a nuestros prospectos de personalidad verde a relajarse?

"Entiendo completamente."

Nuestro prospecto de personalidad verde piensa, "Oh, me estás escuchando. Y me entiendes. Debes haberlo investigado previamente. Ya me siento mejor."

Aquí hay algunos ejemplos de usar esta frase para responder objeciones.

Objeción: "No quiero empezar todavía. Déjame esperar hasta que pueda responder todas las preguntas y las objeciones de mis prospectos."

Nosotros: "Entiendo completamente por qué no quieres comenzar ahora. Quieres ser un experto en todas las áreas de nuestro negocio. Sin embargo, vamos a patrocinar a algunas personas ya, para que puedan aprenderlo todo sobre nuestro negocio al mismo tiempo."

Objeción: "Desearía que las botellas tuvieran más producto."

Nosotros: "Entiendo completamente por qué deseas más producto por botella. Tiene sentido. Vamos a enviar tu sugerencia a la oficina central. Mientras tanto, continuemos construyendo mientras ellos continúan investigando los pros y contras de tu sugerencia."

Objeción: "No pienso que sepa lo suficiente en esta etapa para iniciar exitosamente. Estaría tirando mi dinero"

Nosotros: "Entiendo completamente. A nadie le gusta el riesgo. ¿Qué tal si hacemos un plan detallado de cómo obtener tu primer cheque?"

Objeción: "No me gusta vender. No quiero presionar para que compren."

Nosotros: "Entiendo completamente. A nadie le gusta ser un vendedor enfadoso. ¿Te gustaría conocer un plan de juego con lógica para que no tengamos que acosar personas para que compren?"

Objeción: "No sé qué decir."

Nosotros: "Entiendo completamente. ¿Te gustaría saber cómo hacer para que los demás sean los que hablan?"

Objeción: "Soy tímido. No me siento cómodo hablando con personas."

Nosotros: "Entiendo completamente. ¿Te gustaría saber cómo ayudar a las personas sin poner presión sobre ti mismo?"

¿Qué deberíamos hacer si nos hartamos de decir "Entiendo completamente" con nuestros prospectos verdes?

En vez de eso, podríamos decir, "Eso tiene sentido." Muy fácil. A las personalidades verdes les encanta la frase, "Eso tiene sentido." Esto crea afinidad inmediata, y les permite escucharnos sin prejuicios.

Las personalidades verdes tienen muchas objeciones. Sin embargo, no están tratando de resistir nuestra presentación de venta. En lugar de eso, están tratando de asegurarse de que no están pasando por alto algo y cometiendo un error. Si somos razonables, las personalidades verdes le darán la bienvenida a una discusión sobre sus objeciones. Quieren resolver sus incertidumbres y preguntas sobre nuestros productos y servicios.

Frases para evitar.

No queremos hacer enemigos. Podemos ofender a las personalidades verdes al obligarlos a avanzar muy rápido o salir de su zona de confort. Recuerda, ellos quieren evitar el riesgo.

Aquí hay algunas frases para evitar.

- "Tienes que hacer esto."
- "¡Levántate y a trabajar!"
- "Sal a la calle y conoce a muchas personas."
- "Comienza hoy, aprende sobre la marcha."

Aquí tienes algunos ejemplos expandidos, y lo que las personalidades verdes piensan.

"Tienes que hacer esto a nuestra manera. ¿Por qué no puedes seguir un sistema?" (Oh, ¿así que hay otras maneras? Más vale investigarlas primero antes de actuar.)

"¡Levántate y a trabajar! Deja de dudar y comienza a llamar." (No estoy listo todavía. Deja de presionarme. Soy un voluntario, no tu empleado.)

"Sal a la calle y conoce a muchas personas. ¿Qué hay de difícil en eso?" (Bueno, eso es difícil para mí. No sé cómo hacer eso, y no me siento cómodo al hacerlo. No soy una persona social.)

"Comienza hoy, aprende sobre la marcha. No tienes que saber todas las respuestas antes de empezar." (Sí, si necesito todas las respuestas primero. ¿Qué tal si alguien me pregunta algo que no puedo contestar?)

¿Quieres un entendimiento más profundo de por qué las personalidades verdes hacen las cosas que hacen?

Para comprender mejor a las personalidades verdes, piensa en cómo priorizan sus valores. De los 14 valores, muchas personalidades verdes tendrían preferencias similares a estas.

Valores más prominentes:

Logro.

Satisfacción profesional.

Deseo de sentirse necesitados.

Seguridad financiera.

Valores menos prominentes:

Poder.

Deseo de verse bien.

Relación amorosa en pareja.

Familia.

Iluminación personal.

Adicción a la aventura.

Popularidad.

Deseo de pasar un buen rato.

Deseo de riqueza.

Aspiraciones de fama.

Piensa en estos valores. Las personalidades verdes no se enfocan en la última moda. Su deseo de verse bien es menos prominente. Así que si nuestro enfoque es enfatizar cómo un gran cheque de bonificaciones les daría un nuevo guardarropa a la moda, nuestra conversación pierde sentido.

Las personas hacen cosas basados en su visión del mundo. Una vez que sepamos su visión, nuestra comunicación se hace mejor.

¿Complicado? ¿Difícil?

Sólo un poco. De los cuatro colores de la personalidad, la personalidad más retadora para comunicarnos es la personalidad verde. Son los menos sociales de todas las personalidades.

Así que tal vez algo de humor nos ayude a comprenderlos mejor. Aquí hay una gran historia sobre la personalidad verde.

Después de 30 años de matrimonio, la esposa de personalidad amarilla no pudo soportarlo más. Le pidió a su esposo que visitaran al consejero matrimonial. El esposo de personalidad verde aceptó, de mala gana.

El consejero matrimonial preguntó, "Y, ¿cuál es el problema?" La esposa de personalidad amarilla respondió, "Necesito alguien que me diga que me ama. Quiero que me lo recuerden a diario. Pero mi esposo de personalidad verde nunca me ha dicho que me ama desde el día en que nos casamos."

El consejero matrimonial volteó con el esposo de personalidad verde y preguntó, "¿Es verdad? ¿No le has dicho ni una vez a tu esposa que la amas después de 30 años de casados?"

El esposo de personalidad verde respondió: "Sí, es verdad. El día que nos casamos, le dije que la amaba. ¡Y le dije que le avisaría si algo cambiaba!"

Y eso resume el proceso de pensamiento de la personalidad verde.

Y FINALMENTE...

Nadie va a tener una personalidad de un solo color. Las personas somos más complejas que eso. Sin embargo, cuando notamos a alguien con tendencias extremas de un color de personalidad, deberíamos de hacer un esfuerzo para hablar con ellos usando estos mini-guiones y frases mágicas que aprendimos. No podemos esperar que ellos se ajusten a nosotros. Nosotros debemos de ajustarnos. Y la recompensa será gigante. Veremos la comunicación y el entendimiento crecer naturalmente frente a nuestros propios ojos.

Con el tiempo, esto se hace natural. Al comprender los valores de nuestros prospectos, podemos predecir fácilmente qué partes de nuestra propuesta quieren escuchar.

¿Será divertido? Por supuesto que sí.

Casi podemos hacerlo un juego. Tomemos autos como ejemplo. ¿Qué clase de autos esperarías que conduzcan las diferentes personalidades? Vamos a hacer un poco de exageraciones para hacerlo fácil de recordar.

Personalidad amarilla.

Una minivan repleta con niños, juguetes, o animales de peluche para los nietos.

Un coche eléctrico o híbrido.

Un coche tapizado de mensajes promoviendo el medio ambiente o algún tipo de cambio saludable.

Personalidad azul.

Un coche en color rojo neón.

El estéreo del coche siempre a todo volumen.

Todos los compartimentos llenos de objetos que no han visto en años.

Personalidad roja.

Un coche de lujo con toda opción y mejora instalada.

Un deportivo exótico con pintura de autor.

Y el coche siempre tiene que estar impecable, encerado y brillante.

Personalidad verde.

Un auto conservador, práctico, con opciones limitadas.

Un auto totalmente pagado.

Con genial rendimiento de combustible, y una libreta para llevar el kilometraje.

El guión "multicolor."

Para finalizar, a menudo no podemos encontrar el color de personalidad de nuestros prospectos o sus valores. ¿Qué podemos hacer? Podemos usar una frase multicolor que es fácil de recordar. Así que vamos a concluir con el guión que debemos de enseñarle a nuestro equipo en su primer día dentro del negocio:

"Este es el único negocio donde puedes ganar mucho dinero, ayudar a muchas personas, y pasar un rato genial mientras lo haces. Simplemente, tiene sentido."

AGRADECIMIENTO.

Gracias por adquirir y leer este libro. Esperamos que hayas encontrado algunas ideas que te servirán.

Antes de que te vayas, ¿estaría bien si te pedimos un pequeño favor? ¿Tomarías sólo un minuto para dejar una frase o dos como comentario en línea de este libro? Tu opinión puede ayudar a otros a elegir qué leer a continuación. Sería de gran ayuda para muchos otros lectores.

Viajo por el mundo más de 240 días al año.
Envíame un correo si quisieras que hiciera
un taller "en vivo" en tu área.

→ BigAlSeminars.com ←

¡OBSEQUIO GRATIS!

¡Descarga ya tu libro gratuito!

Perfecto para nuevos distribuidores. Perfecto para distribuidores actuales que quieren aprender más.

→ BigAlBooks.com/freespanish ←

Otros geniales libros de Big Al están disponibles en:

→ BigAlBooks.com/spanish ←

MÁS LIBROS EN ESPAÑOL

BigAlBooks.com/Spanish

3 Hábitos Fáciles para Redes de Mercadeo
La fuerza de voluntad es buena, pero está sobrevalorada.

Crea Influencia: 10 Maneras de Impactar y Guiar a Otros
La influencia nos da el poder de afectar a otros y a nuestro mundo.

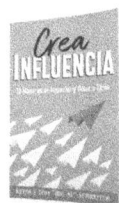

¿Por Qué Mis Metas No Funcionan?
Establecer objetivos que funcionen para nosotros es fácil cuando tenemos pautas y una lista de verificación.

La Historia de Dos Minutos para Redes de Mercadeo
Los prospectos disfrutan de historias cortas. Contar historias reduce nuestros niveles de estrés debido a que las historias son fáciles de recordar.

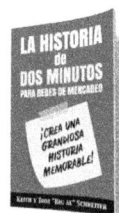

Guía de Inicio Rápido para Redes de Mercadeo
¿Te paraliza el miedo? ¿No puedes comenzar? ¡Nunca más!

Pre-Cierres para Redes de Mercadeo
Decisiones de "Sí" Antes de la Presentación

Cierres para Redes de Mercadeo
Cómo Hacer que los Prospectos Crucen la Línea Final.

Los Cuatro Colores de Las Personalidades para MLM
El Lenguaje Secreto para Redes de Mercadeo

Cómo Construir Tu Negocio de Redes de Mercadeo en 15 Minutos al Día

La Presentación de Un Minuto
Explica Tu Negocio de Redes de Mercadeo Como un Profesional

Ventas al por Menor para Redes de Mercadeo
Cómo Conseguir Nuevos Clientes para Tu Negocio en MLM

Motivación. Acción. Resultados.
Cómo Los Líderes En Redes De Mercadeo Mueven
A Sus Equipos

**51 Maneras Y Lugares Para Patrocinar
Nuevos Distribuidores**
Descubre Prospectos Calificados Para Tu Negocio
De Redes De Mercadeo

Rompe El Hielo
Cómo Hacer Que Tus Prospectos Rueguen Por
una Presentación

**¡Cómo Obtener Seguridad, Confianza,
Influencia Y Afinidad Al Instante!**
13 Maneras De Crear Mentes Abiertas
Hablándole A La Mente Subconsciente

Primeras Frases Para Redes De Mercadeo
Cómo Rápidamente Poner A Los Prospectos
De Tu Lado

La Magia De Hablar En Público
Éxito Y Confianza En Los Primeros 20
Segundos

MLM de Big Al la Magia de Patrocinar
*Cómo Construir un Equipo de Redes de
Mercadeo Rápidamente*

**Cómo Prospectar, Vender Y Construir Tu
Negocio De Redes De Mercadeo Con
Historias**

**Cómo Construir LíDERES En Redes De
Mercadeo Volumen Uno**
Creación Paso A Paso De Profesionales En MLM

**Cómo Construir Líderes En Redes De
Mercadeo Volumen Dos**
Actividades Y Lecciones Para Líderes de MLM

**Cómo Hacer Seguimiento Con Tus
Prospectos Para Redes De Mercadeo**
Convierte un "Ahora no" En un "¡Ahora mismo!"

SOBRE LOS AUTORES

Keith Schreiter tiene más de 20 años de experiencia en redes de mercadeo y multinivel. Keith le muestra a los empresarios de redes de mercadeo cómo usar sistemas simples para construir un negocio estable y en expansión.

¿Necesitas más prospectos? ¿Necesitas que tus prospectos se comprometan en lugar de estancarse? ¿Quieres saber cómo enganchar y mantener activo a tu grupo? Si éste es el tipo de habilidades que te gustaría dominar, te encantará su estilo de cómo hacerlo.

Keith imparte conferencias y entrenamientos en Estados Unidos, Canadá y Europa.

Tom "Big Al" Schreiter tiene más de 40 años de experiencia en redes de mercadeo y multinivel. Es el autor de la serie original de libros de entrenamiento "Big Al" a finales de la década de los 70s, continúa dando conferencias en más de 80 países sobre cómo usar las palabras exactas y frases para lograr que los prospectos abran su mente y digan "SI".

Su pasión es la comercialización de ideas, campañas de comercialización y cómo hablar a la mente subconsciente con métodos prácticos y simplificados. Siempre está en busca de casos de estudio de campañas de comercialización exitosas para sacar valiosas y útiles lecciones.

Como autor de numerosos audios de entrenamiento, Tom es un orador favorito en convenciones de varias compañías y eventos regionales.

www.ingramcontent.com/pod-product-compliance
Lightning Source LLC
Chambersburg PA
CBHW071714210326
41597CB00017B/2479